# DOCUMENTS LÉGISLATIFS

### SUR LA QUESTION

#### DES

# TARIFS DIFFÉRENTIELS

---

### EXTRAITS DU MONITEUR

---

## PARIS

IMPRIMERIE CENTRALE DE NAPOLÉON CHAIX ET Cᵉ

RUE BERGÈRE, 20

1856
1857

# SÉANCE DE LA CHAMBRE DES PAIRS

## Du 20 juillet 1843.

---

## Discussion du cahier des charges de la Compagnie du chemin de fer d'Avignon à Marseille.

---

**M. LE CHANCELIER.** La chambre reprend sa délibération sur la loi du chemin de fer de Marseille à Avignon.

Je ferai remarquer à la chambre qu'à l'art. 1er se rattache le cahier des charges. Après la lecture de cet article, MM. les pairs seront dans le cas de faire sur le cahier des charges toutes les observations qu'ils jugeront convenables. Ces observations ne seront pas mises aux voix; mais, selon leur valeur, les articles auxquels se rapporte le cahier des charges seront ou votés ou rejetés. C'est ainsi qu'on a procédé à la chambre des députés.

« Art. 1er. L'offre faite par les sieurs Paulin Talabot, Joseph Ricard, Chaponnière et Rey de Foresta, d'exécuter à leurs frais, risques et périls, le chemin de fer de Marseille à Avignon, est acceptée.

» En conséquence, toutes les clauses et conditions du cahier des charges arrêté le 31 mars 1843 par le ministre secrétaire d'Etat des travaux publics, et accepté le même jour 31 mars par le sieur Talabot, ensemble les modifications introduites le 12 juin suivant par le ministre des travaux publics, et acceptées le même jour par lesdits sieurs Paulin Talabot, Joseph Ricard, Chaponnière et Rey de Foresta, recevront leur pleine et entière exécution; sous les modifications apportées au cahier des charges annexé à la présente loi.

» En conséquence, le cahier des charges ainsi modifié restera annexé à la présente loi. »

M. le vicomte Dubouchage a la parole.

.**M. LE VICOMTE DUBOUCHAGE.** Messieurs, l'art. 36 du cahier des charges porte, en résumé, que la Compagnie concessionnaire aura la faculté d'abaisser son tarif sur une fraction du parcours du chemin, sans l'abaisser en même temps sur le trajet tout entier.

En second lieu, la Compagnie concessionnaire a encore le droit d'abaisser son tarif pour une classe toute entière de marchandises, sous cette condition de ne pas le relever avant trois mois..

Et remarquez bien que ces modifications du tarif doivent être seulement homologuées par l'administration, elles n'ont pas même besoin de son approbation. La Compagnie agira suivant son intérêt, suivant son arbitraire. J'ajouterai que c'est par le préfet du département que ces modifications seront homologuées, ce n'est pas par le ministre. Il faudrait au moins, pour que cette disposition fût adoptée par la chambre, que ce fût le ministre, qui n'a aucun intérêt à favoriser telle contrée plus que telle autre, qui fût appelé à homologuer ou à approuver cette augmentation ou cet abaissement de prix.

Messieurs, le pouvoir de réduire arbitrairement les tarifs est aussi important que celui de les augmenter, car, dans l'un et l'autre cas, les prix de revient des marchandises sont modifiés. Ainsi, pour les charbons, c'est principalement l'objet dont il est doit être question ici, le transport double le prix de la marchandise, quand il s'agit de transporter cette marchandise à une certaine distance.

Ainsi nous voyons que le prix du charbon, à Paris, est le double et même le triple de celui du charbon à Lyon. Pourquoi? parce que le parcours pour amener à Paris est très-étendu, tandis que celui de Rive-de-Gier à Lyon, la distance est très-petite, surtout par la voie du Rhône.

J'ai donc raison de dire que le pouvoir de réduire le tarif au gré de la Compagnie est aussi important que celui de l'augmenter. La voie du transport devient ainsi régulatrice du prix des marchandises, au moyen de cette sorte de douane intérieure dont on lui abandonne l'usage.

Je vois ici un bassin houiller très-favorisé, celui de la Grand'Combe, et disons tout : beaucoup d'actionnaires qui font partie de la Compagnie appartiennent à ce bassin houiller. J'ai là leurs réclamations; je suis obligé de les lire, je ne les ai eues qu'hier soir.

C'est précisément cela que disait mon honorable ami M. le général Delort, on n'a pas le temps d'examiner. Ce n'est pas tout de voter au pas de course. Pendant que je suivais la discussion du budget, je n'ai pas pu étudier le savant rapport de M. Daru.

Si vous aviez le temps, et je crois que vous avez ce temps. Je suis de l'avis d'un ministre que je puis bien nommer, c'est M. de Villèle. On disait à la chambre des pairs : Nous ne pouvons pas faire d'amendement au budget; il répondit : Vous êtes libre de faire des amendements si vous voulez. Je crois au patriotisme de la chambre des députés. Elle se réunira dès que vous aurez fait un amendement. La session est encore ouverte, et, s'il le faut, MM. les députés se trouveront en nombre suffisant pour voter.

En conséquence, je propose l'amendement suivant, ou le changement de disposition suivant au cahier des charges, si l'on ne veut pas qu'on puisse y faire d'amendement. Il me semble cependant que la chambre des députés en a fait. (Oui! oui!)

« La Compagnie concessionnaire ne pourra pas, 1° abaisser son tarif sur une partie quelconque de la ligne, sans l'abaisser en même temps sur la ligne entière ; elle ne pourra ni faire cette baisse totale, ni déclasser la marchandise dénommée à son tarif, sans l'approbation préalable du ministère du commerce, et à la suite d'une enquête sur toute la ligne du Rhône ;

» 2° Elle ne pourra relever son tarif, soit sur son parcours entier, soit sur les marchandises déclassées, qu'un an au moins après l'abaissement, et jamais sans l'autorisation préalable du ministre du commerce. »

Voilà les courtes observations que j'avais à soumettre à la chambre.

**M. LE COMTE DARU**, rapporteur. Il y a deux questions engagées dans la proposition que vient de vous soumettre l'honorable M. Dubouchage, une question de principe et une question d'application à la loi spéciale qui nous occupe.

Quant à la question de principe, elle est celle-ci : dans tous les cahiers de charges passés depuis 1835 à l'occasion de chemins de fer, la loi a fixé le maximum au-dessous duquel les Compagnies étaient libres de se mouvoir.

L'honorable M. Dubouchage propose de fixer dorénavant un minimum.

**M. LE VICOMTE DUBOUCHAGE.** Moi, pas dutout ; je n'ai pas fixé un minimum. Je me suis mal expliqué. J'ai dit que les Compagnies n'avaient pas le droit d'augmenter leurs tarifs, de dépasser le maximum, ni de déclasser et d'abaisser les tarifs sans la permission du ministre, parce qu'il s'en suivrait que le prix de revient des marchandises, surtout des grosses marchandises, serait changé, et que cela pourrait nuire à beaucoup d'intérêts. Cela, en effet, favoriserait un intérêt au détriment de l'autre. Et faites-y bien attention, Messieurs, il ne s'agit pas d'intérêts privés abandonnés à leurs propres ressources, mais d'un intérêt privé favorisé par une subvention de 32 millions accordée par le Gouvernement. Faites-y attention, monsieur le Rapporteur ; j'avais oublié de le dire, mais je suis enchanté de trouver l'occasion d'en faire la remarque.

**M. LE RAPPORTEUR.** Soit ! Jusqu'à présent, les Compagnies avaient la liberté de se mouvoir au dessous de leurs tarifs ; vous voulez restreindre cette liberté, vous voulez l'assujettir à des règles nouvelles.

La loi avait pris contre les abus possibles trois précautions :

1° L'intervention administrative pour l'homologation des statuts. Ce principe de l'intervention se retrouve partout. Il avait été jusqu'ici exercé dans une certaine forme ; on demande qu'il soit exercé dans une forme différente.

2° L'impossibilité de relever les tarifs abaissés avant un certain délai qui était jusqu'ici de trois mois. M. Dubouchage propose de porter ce délai à un an.

3° Enfin, l'égalité de traitement à l'égard de tous les intéressés. On propose égalité de traitement pour toutes les classes de marchandises ; que la réduction de l'une entraîne la réduction proportionnelle du prix de transport des autres. Tel est bien l'état de la question.

On nous propose de changer la législation existante ; dans quel but ? Afin d'empêcher les Compagnies de monopoliser entre leurs mains les transports. C'est dans cette vue que l'on demande d'abord la suppression des prix différentiels. Examinons ce premier point.

L'article 36 de la loi autorise la Compagnie à percevoir pour les parcours intermédiaires un tarif inférieur à celui qui est perçu pour le parcours total. Ainsi, le prix du parcours entier est de 5 centimes par kilomètre pour les troisièmes classes, aux termes de la loi. Si les statuts sont adoptés, la Compagnie pourra appliquer le chiffre de 5 centimes au trajet d'Avignon à Marseille, et un chiffre différent, soit 4 centimes ou 3 centimes 1/2 pour le trajet d'Avignon à Arles ou à Beaucaire. Cette faculté, faut-il la maintenir ou l'effacer du contrat ?

Je demande la permission d'examiner d'abord cette question en elle-même, puis ensuite dans son application au chemin de fer d'Avignon à Marseille.

On veut éviter par là le monopole. En fait, et personne aujourd'hui ne le conteste, un chemin de fer est, par la nature même des choses, et non par l'effet des tarifs et des lois, un monopole à peu près obligé, nécessaire, quant à la circulation des voyageurs. Il en est ainsi partout.

La promptitude, la commodité du parcours assurent aux voies nouvelles, à égalité de prix, une supériorité évidente sur les voies anciennes. Si la concurrence, au moins, sous ce rapport, n'est pas possible, on conviendra que les compagnies ne feront pas les mouvements en hausse ou en baisse que l'on redoute, pour arriver à attirer à elles une circulation qui leur appartient et qui ne saurait leur manquer.

C'est donc seulement relativement au transport des marchandises que la liberté des tarifs peut avoir l'inconvénient que l'on vient de signaler. Il est très-vrai que jusqu'ici les chemins de fer en transportent peu, que les voies d'eau et de terre contiguës leur font à cet égard une concurrence redoutable. Quelles sont les conditions de cette concurrence ? c'est ce qu'il s'agit d'examiner. Veuillez d'abord remarquer, messieurs, que toutes les voies de circulation ont la faculté d'établir des droits différentiels ; ainsi le roulage, les bateaux à vapeur, peuvent appliquer, pour rendre la marchandise de Paris à Louviers ou à Elbeuf, un prix différent de celui qu'elles exigent de Paris au Havre ou à Rouen.

Toute exploitation d'une route, d'un canal ou d'une voie de circulation quelconque est un trafic où l'objet de la spéculation est la livraison de moyens de transports et des prix débattus, de même que le trafic des produits industriels ou manufacturés.

Or, il n'y a point de commerce sans ces deux choses : concurrence et liberté. Pour que le commerçant puisse satisfaire aux besoins du public mobiles et infinis dans leurs vanités, il faut qu'il agisse en dehors de la contrainte des règlements administratifs.

Voilà pourquoi le commerce des transports a été jusqu'ici affranchi de toutes entraves et de toute règlementation de tarifs.

La question dès lors est celle-ci :

Les progrès de l'art nous ont donné un nouveau moyen de communication. Si on met ce nouvel instrument en dehors du droit commun, si on lui fait une condition plus mauvaise dans la lutte des industries similaires, il ne pourra pas se défendre contre la concurrence qui lui sera faite, là où la concurrence sera possible, et nous avons vu que, pour les marchandises, au moins elle serait active et puissante.

Ainsi donc, ôter aux chemins de fer le moyen de soutenir la rivalité du roulage et des bateaux à vapeur, en lui ôtant la faculté de baisser ses prix lorsque cette faculté est concédée à ses rivaux, c'est troubler au profit des uns, au détriment des autres, les conditions de la lutte; c'est intervenir dans le conflit, et peser de tout le poids de vos stipulations exceptionnelles dans la balance.

Et dans quel intérêt, messieurs? Est-ce dans l'intérêt du public? Mais la baisse qui vient de la concurrence est avantageuse à tous ceux qui ont des produits à faire transporter. Serait-ce que les droits différentiels entre les mains des entrepreneurs de chemins de fer entraîneraient des dangers? En supposant qu'il en soit ainsi, la loi y a pourvu, elle a donné action au gouvernement sur les compagnies, précisément pour parer à ces éventualités futures incertaines et inconnues.

Messieurs, l'intervention de l'administration en pareille matière n'est pas de forme seulement, comme on l'a dit. On a équivoqué sur le mot d'homologation. Qu'est-ce donc que le droit d'homologation, si ce n'est un moyen indirect, mais très-réel, d'empêcher la perception de taxes dangereuses. Aucun tarif ne peut être perçu sans l'autorisation du préfet.

**M. LE VICOMTE DUBOUCHAGE.** Quel préfet?

**M. LE RAPPORTEUR.** Celui du département; il n'y a pas de tarif qui puisse être perçu sans un arrêté du préfet? Est-ce là une intervention de pure forme? Non. Si la compagnie voulait imposer au public un tarif contraire aux stipulations des statuts, favorable aux uns, défavorable aux autres, le préfet pourrait et devrait refuser son approbation. Il n'a pas le droit d'imposer un taux de péage; mais il a le droit de refuser celui qu'on lui offre. C'est là une action très-puissante; le principe s'en retrouve dans tous les contrats.

Est-ce tout, messieurs ? Nullement. S'il s'agit d'un changement de tarif, que de grands intérêts soient engagés, l'administration centrale peut ordonner des enquêtes, appeler les intéressés ; elle a et elle conserve le droit de diriger les administrations départementales, car sa responsabilité est en jeu. Ainsi, au fond, les mesures que demande M. le vicomte Dubouchage sont, ou bien de droit naturel et préexistant, ou bien écrites dans nos lois. Le danger du monopole n'est pas à craindre avec de pareilles restrictions.

Ce n'est pas tout de démontrer que les cahiers des charges contiennent contre les abus possibles et éventuels des mesures sages et suffisantes, il faut montrer aussi par quels motifs les droits différentiels ont été toujours et partout appliqués, et quel serait pour les exploitations le danger de la mesure que l'on nous propose.

Les besoins auxquels on doit satisfaire sont, comme nous le disions tout à l'heure, de nature extrêmement différente.

Ainsi les grands foyers de population projettent toujours autour d'eux des besoins de circulations immenses et exceptionnels. Vous voyez sortir des grandes capitales aux jours de repos toute une population qui va chercher au dehors l'air et la dissipation qui lui manquent.

Irez-vous comparer cette circulation à celle des voyageurs de long cours de Paris à Lyon, ou de Lyon à Toulouse. Les uns portés par leurs plaisirs nombreux et quotidiens, se répandant à de petites distances; les autres conduits par leurs affaires, subissant l'empire de la nécessité pour se rendre à des points éloignés de leurs domiciles. A des besoins divers, pourquoi appliqueriez-vous le même tarif ? Ne voyez-vous pas que le premier élément de circulation peut croître et se multiplier dans une proportion énorme avec de faibles droits ; et que pour le second, au contraire, une réduction même assez considérable du prix ne pourrait pas amener un changement notable dans les habitudes et dans ces transports pénibles, fatigants, coûteux.

Voilà pourquoi des droits différentiels existent partout. Il n'y a peut-être pas aujourd'hui un seul chemin de fer où ils ne s'appliquent,

Veut-on que je prouve encore par un exemple les différences des besoins auxquels on doit satisfaire et l'influence que les bas tarifs pour les petites distances peut exercer.

Dans le voisinage des villes industrielles, il y a une amélioration très-désirable et très-désirée à apporter dans l'organisation du travail.

A Lyon, à Marseille comme à Liverpool et à Manchester, on se plaint et avec raison de la situation misérable des ouvriers entassés dans d'obscurs quartiers, achetant très-cher tous les objets de consommation et exposés à tous les dangers des grandes villes. Eh bien, avec des tarifs bas, on peut arriver à disperser dans les campagnes cette population ouvrière, à lui procurer ainsi une vie plus économique et plus saine, à la mettre à l'abri des influences mauvaises des grandes capitales industrielles. C'est précisément ce que l'on a fait en Suisse et notamment dans les environs de Zurich. Les ouvriers en soie ont été répandus à l'entour des villes ; et par ce moyen, les fabriques de soies ont conquis sur les nôtres une supériorité dont l'industrie de Lyon se préoccupe à juste titre ; pour soutenir la lutte, on cherche avec raison à suivre l'exemple donné de l'autre côté de la frontière. Ce serait là une révolution heureuse dans les habitudes actuelles. Il y va du bien-être d'une classe souffrante et nombreuse. Il y a un intérêt politique et moral engagé dans cette question ; car, dans les grands centres de population, le caractère de l'ouvrier s'altère et se corrompt au contact des vices et par l'effet de la misère.

Peut-on satisfaire à ce besoin, là où il existe, autrement que par des tarifs très-bas ? Et pourquoi voudrait-on que ces péages exceptionnels fussent appliqués à des besoins différents ? Pourquoi imposer le même péage à l'ouvrier qui se rend au travail, parcourt quelques kilomètres, va et vient chaque jour, qu'au voyageur allant une fois par an de Paris à Lyon, où ses affaires l'appellent ? Il n'y a aucune raison pour agir ainsi : ce n'est pas au profit, c'est au détriment du publice la loi interviendrait au nom de cette prétendue égalité.

Examinons maintenant la question qui nous occupe, non plus à son ponit de vue général, mais dans son application aux bateaux à vapeur du Rhône. L'art. 36 menace, dit-on, l'existence de la navigation fluviale. Cherchons à nous rendre compte de la position respective des deux compagnies concurrentes, une fois le chemin exécuté.

Comme je le disais tout à l'heure, et je prie mon honorable collègue de faire attention à cette observation, je connais trop son esprit d'équité pour n'être pas convaincu qu'il en sera frappé. Les bateaux à vapeur du Rhône sont dans le droit commun, et ils en usent ; ils ont la liberté de ne percevoir aucun tarif entre Avignon et Arles, et de relever d'autant, s'ils le veulent, le tarif entre Avignon et Lyon.

Ils ont donc des droits différentiels ; leurs statuts ne le leur défendent pas, et, en fait, d'après les données que nous avons eues sous les yeux, les choses se passent ainsi la plupart du temps, si ce n'est toujours. Les pétitionnaires ne le nient pas : ils contestent que la suppression des tarifs entre Arles et Avignon soit complète, bien que ce fait soit affirmé à chaque page de l'enquête par les autorités les plus compétentes ; mais ils ne contestent pas la réduction considérable des prix pour cette partie du parcours. Ils avouent qu'à la descente le péage est de 25 centimes seulement.

Mais cette arme, dont ils ne se sont pas servis jusqu'à présent, ils peuvent l'employer le jour où ils le jugeront convenable. Il dépend d'eux d'annuler tous les prix de locomotion parallèlement au chemin de fer, et ils prétendent qu'ils ne pourront soutenir la concurrence. Mais cette situation des bateaux à vapeur leur offre évidemment un avantage énorme pour la lutte. Si vous refusiez au chemin de fer une faculté analogue, comment pourrait-il, je ne dis pas faire concurrence, mais soutenir celle qu'on lui fera ?

D'ailleurs, Messieurs, pour s'assurer que la navigation fluviale n'est pas menacée dans son existence, il suffit de regarder les conditions inhérentes à chacun des deux modes de transport.

La navigation fluviale a son lit tout fait, c'est le fleuve; elle n'a d'autres dépenses que l'entretien de ses machines et de ses bateaux, et le salaire de quelques hommes d'équipage. Pour le chemin de fer, au contraire, le capital nécessaire à la création de la voie est énorme et se compte par millions. Il faut que la circulation paie l'entretien et l'amortissement de ce capital; il faut qu'elle suffise en outre aux frais d'entretien, d'exploitation et de surveillance, beaucoup plus élevés, comme chacun sait, que les frais correspondants d'aucune autre entreprise de transport.

Vous feriez donc quelque chose de diamétralement contraire au but que vous vous proposez, quelque chose d'inique, en refusant au chemin de fer le droit de baisser inégalement ses tarifs.

Maintenant, j'arrive à la situation des houillères.

Quant à cette pétition, telle qu'elle se formule, elle ne peut provenir que de l'inintelligence de la loi.

La crainte que l'on manifeste est celle-ci : On fera des conditions de transports à telles usines plus favorables qu'à telles autres. C'est ce que disait tout à l'heure l'honorable M. Dubouchage. Les houilles de la Grand'Combe sont, disait-il, dans les mains de propriétaires qui sont peut-être en même temps actionnaires du chemin de fer d'Avignon à Marseille; ils sauront bien se faire accorder une réduction de prix, et les houilles de Saint-Étienne et du bassin de la Loire seront chassées du port de Marseille.

Cet inconvénient serait grave s'il était fondé ; mais je prie mon honorable collègue de vouloir bien relire le troisième paragraphe de l'art. 36.

« La perception des taxes devra se faire par la Compagnie, indistinctement et sans aucune faveur. Dans le cas où la Compagnie aurait accordé à un ou plusieurs expéditeurs une réduction sur l'un des prix portés au tarif, l'administration aura le droit de déclarer la réduction, une fois consentie, obligatoire vis-à-vis de tous les expéditeurs, et la taxe ainsi réduite ne pourra, comme pour les autres réductions, être relevée avant un délai de trois mois. »

De telle sorte que si, pour favoriser ses propres cointéressés, le chemin de fer d'Avignon à Marseille abaisse le prix de transport pour les houilles de la Grand'Combe, il sera obligé d'accorder la même réduction à toutes les houilles, de quelque provenance qu'elles soient. Les conditions de la lutte entre les diverses industries, resteront donc toujours les mêmes.

Enfin, on a dit que le chemin de fer pourra créer des bateaux à vapeur en correspondance avec lui à Avignon, leur donner certains priviléges, soit en établissant des moyens de délivrer des billets dans les bureaux, soit en accordant toute autre faveur, sans même réduire les tarifs, et ruiner ainsi les compagnies rivales.

Je demande encore à mon honorable collègue, qui s'accusait tout à l'heure de ne pas avoir pu suffisamment étudier la loi, de me borner pour toute réponse à lui donner lecture de l'art. 5 du projet, et il y verra ce qui suit :

« A moins d'une autorisation spéciale de l'administration supérieure, il est interdit à la compagnie, sous les peines portées par l'art 419 du Code pénal, de faire directement ou indirectement, avec des entreprises de transport de voyageurs par terre ou par eau, sous quelque dénomination ou forme que ce puisse être, des arrangements qui ne seraient pas également consentis en faveur de toutes les autres entreprises desservant les mêmes routes.

« Des ordonnances royales, portant règlement d'administration publique, prescriront toutes les mesures nécessaires pour assurer la plus complète égalité entre les diverses entreprises de transport, dans leurs rapports avec le service du chemin de fer. »

**M. LE VICOMTE DUBOUCHAGE.** C'est pour les voyageurs seulement !

**M. LE RAPPORTEUR.** Pour tout : voyageurs et marchandises. Voyez l'article 46 du cahier des charges.

Il me semble, après ces stipulations aussi nettes et aussi formelles, que les craintes manifestées de la part des divers pétitionnaires ne sont pas fondées, et que la loi présente toutes garanties contre les abus possibles. Les abus sont à craindre, et l'on ne peut pas tout prévoir. Mais ce que l'on peut faire, c'est de stipuler dans le cahier des charges les clauses protectrices de l'intérêt des tiers, et, cette précaution a été prise.

En résumé, nous disons que les tarifs différentiels sont une nécessité des chemins de circulation à vapeur, qu'ils sont appliqués sur toutes les voies de transports en concurrence avec les voies nouvelles, qu'il faut faire la situation égale pour tous ; nous disons que ces tarifs différentiels, moyennant les sages mesures insérées dans le contrat, ne peuvent entraîner aucun inconvénient, que l'homologation du préfet est un remède suffisant aux inconvénients que l'on redoute, que cette intervention administrative est une garantie pour tout le monde, tout aussi bien que l'obligation de ne pas relever les tarifs avant un certain délai de temps. N'oubliez pas, messieurs, que vouloir emprisonner l'industrie dans un cercle étroit de prescriptions formelles, c'est la tuer, c'est lui ôter du moins ses plus nécessaires éléments de force et de vie. Nous espérons, en conséquence, que la chambre voudra bien rejeter l'amendement qui lui est soumis, amendement contraire à tous les principes de la matière, et qui n'est nullement nécessité en fait par la situation des bateaux à vapeur dans la lutte que plus tard ils auront à soutenir contre le chemin de fer.

**M. LE BARON DUPIN.** Je n'ai pas l'intention de proposer un amendement, mais je dois présenter quelques observations ayant pour but de rassurer les graves intérêts qui sont réellement alarmés.

Je commencerai par présenter une objection à notre très-habile rapporteur. Je ne crois pas que le partage entre la voie du chemin de fer et celle des bateaux à vapeur soit aussi absolu, aussi complet qu'il le suppose.

Sur le Rhône en particulier, ne fût-ce qu'à la descente, les bateaux à vapeur peuvent espérer, si de mauvais tarifs ne les accablent pas, qu'ils continueront à transporter beaucoup de voyageurs. Pour moi, qui porte un intérêt spécial à la navigation par la vapeur, je serais très-fâché qu'une combinaison quelconque pût éteindre, étouffer cette précieuse industrie. Mon observation tendrait donc à ce que l'administration regardât comme un principe, je dirai même *comme un devoir*, de maintenir la coexistence des deux moyens de transport, et d'empêcher par son intervention équitable et légale qu'une des deux industries détruisît l'autre.

Il est une autre observation à laquelle M. le comte Daru n'a pas, je crois, suffisamment répondu ; elle est relative à la concurrence qui se développe entre les houilles de diverses origines. Je considère les deux extractions qu'on a citées : celles de la Grand'Combe et de Saint-Etienne. Je souhaiterais qu'aucune des deux n'étouffât l'autre ; je souhaiterais les moyens d'assurer leur coexistence. Je ne veux de mal à personne, et je désire la vie pour tout le monde. C'est ici où la faculté indéfinie de rabais des tarifs peut agir, et de la manière la plus fâcheuse. Je suppose, en effet, que le tarif agisse dans toute son élévation possible, depuis Avignon jusqu'à la rencontre du chemin de la Grand'Combe, et que depuis cette rencontre jusqu'à Marseille, on transporte la houille au plus bas prix imaginable. Par cela seul, vous maintiendrez au plus haut degré possible la différence du prix des transports entre les houilles des deux origines, au grand préjudice et peut-être à la ruine de la plus éloignée. Ce serait à la fois une injustice et un dommage.

Mais cette faculté d'abaisser et puis de relever ensuite les tarifs, pourvu qu'on y mette trois mois d'intervalle, a-t-on dit, cette faculté est donnée à tous les genres de communication ; c'est donc le droit commun. Cela est vrai pour toutes les voies de terre : mais quand vous comparez une voie de terre avec une voie aquatique, la partie n'est pas égale. Une entreprise de bateaux à vapeur peut choisir tel mois de l'année qu'elle voudra pour changer ses tarifs ; le chemin de fer sera libre à l'instant même de soutenir la concurrence par un changement similaire. Mais si le chemin de fer choisit le moment où la navigation serait la plus productive afin d'abaisser ses tarifs, et ce temps-là dure plus de trois mois ; si plus tard, au moment où la navigation devient impossible ou très-onéreuse, il rehausse ses prix, évidemment il reprendra tout l'avantage et finira par ruiner la navigation. Par cette combinaison, vous le voyez, on ne peut pas dire que, pour les transports de terre et les transports par eau, les chances sont vraiment égales. Il faut que l'administration tienne compte de cette différence, si elle ne veut pas immoler la navigation à la vapeur.

Je dois faire encore une observation. D'après les assertions de M. le rapporteur, on pourrait supposer qu'il y a des frais considérables, dispendieux pour les chemins de fer, qui n'existent presque pas pour les bateaux à vapeur : la différence n'est pas telle qu'on la suppose. Pour les bateaux à vapeur, les frais d'achat sont d'au moins 2 à 3,000 fr. par force de cheval ; et si l'on ajoute ces sommes à toutes celles qui constituent la dépense totale d'une entreprise de bateaux à vapeur, on verra qu'en fin de compte les frais sont immenses et compensent bien ceux des wagons des locomotives. Je prie la chambre d'apprécier l'esprit dans lequel j'ai présenté mes observations ; ce que je désire, c'est que l'administration se pose en principe de maintenir la coexistence des chemins de fer et de la navigation à vapeur. Lorsque ces deux industries également intéressantes et nationales se trouveront en présence, si l'on propose en faveur de l'une d'elles quelque modification de tarif, que ce soit un objet du plus sérieux examen pour l'administration : il faut conserver les deux moyens de transport, et les transports possibles des houilles de diverses origines. (*Plusieurs voix.*) Très-bien ! appuyé !

**M. LE MINISTRE DES TRAVAUX PUBLICS.** L'intervention obligée de la puissance publique dans les modifications d'un tarif au-dessous du maximum a été nécessairement inspirée par quelques-unes des considérations qu'a fait valoir l'honorable M. Dupin. Sans cela elle ne pourrait pas se justifier ; car la faculté de descendre au-dessous du maximum, est une faculté de droit commun ; et si l'on y apporte une restriction et une restriction essentielle, c'est uniquement pour parer aux éventualités dont on a parlé.

Quand un maximum est fixé, de sa fixation résulte pour la compagnie concessionnaire la faculté de faire varier ses tarifs au-dessous de ce maximum. Eh bien, on n'a pas voulu qu'on pût lui enlever ainsi une portion de cette liberté sans interroger l'autorité publique, le préfet des Bouches-du-Rhône, lequel est placé sous la haute direction du Gouvernement.

Si on n'avait pas été touché des possibilités dont on parle, on n'aurait pas introduit une pareille clause, et les compagnies n'eussent pas été soumises à cette espèce de frein dont a parlé M. le rapporteur, à la nécessité d'interroger la puissance publique toutes les fois, qu'elles veulent faire éprouver aux tarifs certaines modifications.

Mais il ne faut pas s'exagérer les dangers de la concurrence dont nous connaissons maintenant les éléments ; je suis, en effet, de l'avis de l'honorable M. Dupin ; je ne crois pas que le chemin de fer enlève tous les voyageurs à la navigation à vapeur, surtout à la descente. Je crois qu'à la remonte, par exemple, le chemin de fer aura pour les voyageurs de l'avantage ; mais je crois qu'à la remonte comme à la descente, la navigation à vapeur aura l'avantage sur le chemin de fer pour le transport des marchandises.

Ainsi, messieurs, vous voyez que ces deux industries s'équilibrent d'elles-mêmes par les facultés qui leur sont propres.

Et puis, dans le cas spécial qui nous occupe, il y a une considération fort grave dont on ne parle pas ; c'est que le prix actuel du transport par la navigation à vapeur de Lyon à Arles ne diffère pas du prix, par la même voie, des transports de Lyon à Avignon ; en d'autres termes, les compagnies perçoivent le même prix pour le transport des marchandises de Lyon à Avignon, que de Lyon à Arles, malgré un léger accroissement dans la distance. Ce n'est que d'Avignon à Arles que les deux voies seront parallèles. Elles ne peuvent pas se nuire pour le transport des marchandises. Comment croirons-nous que les marchandises seront débarquées à Avignon, pour continuer ensuite jusqu'à Arles ? L'abaissement des tarifs ne compenserait pas les frais de déchargement et de mise sur la voie de fer. Ce sont donc là des terreurs paniques.

Aussi, à mon sens, et je n'aurais pas beaucoup de peine à le justifier, si le débat actuel le comportait, ce n'est pas le véritable intérêt des auteurs des pétitions adressées à la chambre qui a été leur mobile ; je puis au moins dire : Ce n'a pas été là leur première pensée. Ils sont venus eux-mêmes demander la concession ; ils sont venus la demander *in extremis*, quand tout était presque consommé à la chambre des députés. Eh bien ! au lieu de demander la concession à laquelle ils ont cessé d'aspirer ils proposent des modifications au cahier des charges. Pourquoi cela ? parce que l'effet sera le même pour eux. Ils ont voulu, devant la chambre des députés, entraver la délibération, changer le traité, ils arriveront au même but par l'amendement du projet ou par l'ajournement. J'en demande pardon à la chambre, s'ils parviennent à faire amender ce projet de loi par des considérations que je pourrais taxer de puériles, leur but sera atteint ; ils ne seront pas concessionnaires, ils n'y ont jamais bien sérieusement songé, mais nul ne le sera, et c'est ce qu'ils veulent.

**M. MAILLARD.** Je demande la parole.

**M. LE CHANCELIER.** M. le marquis de Boissy l'a demandée.

**M. LE MARQUIS DE BOISSY.** J'aime mieux entendre parler que parler moi-même. (On rit.)

**M. MAILLARD.** Messieurs, ce n'est pas un amendement que je veux pré-

senter. Je demande seulement à répondre à une partie des observations présentées par M. le ministre des travaux publics  Il a dit que cette faculté de se
mouvoir en dessous du maximum, était une faculté de droit commun ; je crois
que cela n'est pas, et je demande la permission de dire pourquoi.

Je ne peux pas partager cette opinion que toutes les fois qu'une concession
est faite à une compagnie (et cette concession est faite quand le gouvernement a examiné non-seulement quels sont les intérêts de la Compagnie, mais
quels sont les intérêts du pays), que cette compagnie peut changer ses tarifs.
Je crois que cette compagnie concessionnaire doit rester dans les termes du
traité passé avec le gouvernement ; qu'elle ne peut pas plus abaisser son tarif
que l'élever. (Bruits divers.) Pourquoi? Parce que, encore une fois, le gouvernement n'a accordé cette concession qu'après avoir bien examiné quels étaient
les intérêts de tous les pays, de toute la circulation, que parce qu'il a pensé
qu'il pouvait accorder telle ou telle condition sans nuire à aucun intérêt.

Ainsi, quand une fois un traité a été passé entre le gouvernement et une
compagnie, il doit rester stable.

Cependant, je comprends très-bien qu'il puisse se révéler des circonstances
nouvelles, et qu'une compagnie puisse demander au gouvernement de lui
permettre d'abaisser ses tarifs, car, encore une fois, elle ne peut pas l'abaisser
toute seule. Alors le gouvernement, prenant les mêmes renseignements qu'il
avait pris avant d'accorder la première concession, examinant, si dans l'intérêt général du pays, et sans nuire à aucun autre intérêt qui coexiste avec
celui-là, il est bon d'accorder le changement sollicité ou de le refuser, le concède ou le refuse. Il résulterait de là, non pas du tout que je désire qu'on
fasse un amendement, mais que, pour la première loi, ou pour les premiers
cahiers des charges que nous examinerons, nous soyons bien certains qu'au
moins on prendra tous les renseignements, comme ils avaient été pris avant
la première concession, pour accorder à la compagnie concessionnaire un
changement qui, encore une fois, pourrait amener une perturbation énorme
de tout le commerce du pays.

**M. LEGRAND**, *sous-secrétaire d'Etat des travaux publics.* Je crois que le
noble pair qui vient de prendre la parole est dans l'erreur en ce qui concerne
l'application des tarifs.

Lorsqu'il s'agit d'accor ier une concession, on ouvre une enquête, on consulte
le public, on lui demande quelle doit être la limite supérieure des tarifs qu'il
y a lieu de concéder à la compagnie qui se présente pour exécuter les travaux.
Les tarifs concédés ont toujours été considérés comme des *maxima*, que les
compagnies ne peuvent excéder en aucun cas, mais au-dessous desquels elles
peuvent placer les taxes qu'elles demandent au public. Et pourquoi empêche-
rait-on les compagnies de procurer au public le bénéfice de tarifs moins élevés?
En fait, jusqu'à présent, on ne s'y est jamais opposé. La Compagnie du canal

du Midi, par exemple, perçoit pour la houille une taxe inférieure à celle de son tarif légal. Le canal de Givors a été concédé avec un tarif très-élevé. Pendant de longues années la Compagnie n'a perçu que la moitié de ce tarif, et lorsqu'elle a voulu le relever pour le ramener à son taux primitif, le conseil d'État, saisi des doléances qu'excitait cette grave modification, a reconnu que la Compagnie ne faisait qu'user d'un droit qu'on ne pouvait pas lui contester.

Je puis encore citer un chemin de fer bien connu, le premier qui ait été concédé en France, le chemin de Saint-Etienne au port d'Andrezieux. Ce chemin a été concédé avec un tarif de 23 centimes par tonne et par kilomètre. La Compagnie ne perçoit que 13 centimes.

En un mot, je le répète, les tarifs concédés ont été regardés comme des tarifs-*limites*, mais jamais comme des tarifs absolus que les Compagnies n'aient pas le pouvoir de modifier.

Sur les canaux, les abaissements ont eu lieu jusqu'à présent par la seule volonté des Compagnies concessionnaires, et sans l'intervention de l'autorité, et il faut reconnaître que cette intervention n'est pas nécessaire pour les canaux au même degré que pour les chemins de fer. Les canaux sont des voies publiques ouvertes à tout le monde : l'industrie des transports s'y exerce librement sous la condition du paiement de la taxe de navigation. Sur les chemins de fer, l'industrie du transport est de fait, sinon de droit, un véritable monopole, et l'on a jugé avec raison que l'intervention de la puissance publique était nécessaire pour sanctionner les modifications de tarifs, sans toutefois que ces modifications puissent jamais les élever au-dessus du maximum autorisé par l'acte de concession.

La chambre me permettra-t-elle maintenant de lui dire quelques mots sur cette question des tarifs différentiels, question importante, question vitale pour l'industrie des transports ?

Les tarifs différentiels sont commandés tout à la fois par l'intérêt de l'entrepreneur et par l'intérêt public.

D'abord, l'intérêt public est évidemment engagé dans la question, puisque le jeu des tarifs différentiels consiste à diminuer les taxes sur certains points, en les laissant sur d'autres au taux du maximum autorisé. Les tarifs différentiels n'ont donc pour résultat que de procurer des allégements au commerce.

L'intérêt de l'entrepreneur de transport est également satisfait, puisque, au moyen des tarifs différentiels, il s'approprie des marchandises et des voyageurs qui, sans doute, lui échapperaient si les taxes n'étaient pas modérées.

Qu'est-ce qu'une taxe, d'ailleurs, en matière de concession ? C'est le loyer d'un service rendu. Si le service varie d'importance, pourquoi la taxe resterait-elle invariable? Est-ce que la partie de chemin qui vous transporte dans les maisons de plaisance situées à proximité des grandes villes ne rend pas un service plus grand que la portion de chemin qui traverse une plaine inhabitée? Votre noble rapporteur vous a présenté à ce sujet des observations très-fondées.

Une taxe, c'est la rémunération d'une dépense. Si la dépense varie, pourquoi la taxe ne varierait-elle pas? Pourquoi, tout en restant dans la limite du maximum concédé, une Compagnie ne demanderait-elle pas un prix plus élevé aux abords des grandes villes que dans les localités éloignées?

Les industries de transport par terre, par eau ou par chemin de fer, ne vivent et ne prospèrent que par les tarifs différentiels: c'est en différenciant sagement leurs tarifs qu'elles savent se prêter et satisfaire aux besoins du public; c'est en différenciant leurs tarifs qu'elles attirent sur la voie qu'elles exploitent des marchandises et des voyageurs pour lesquels cette voie deviendrait inutile sans cette flexibilité des tarifs.

Le roulage par terre différencie ses tarifs à chaque instant. Ses prix ne sont pas exactement proportionnels aux distances. Il demande pour les faibles distances des prix relativement plus forts que pour les grandes distances, et cela se conçoit: sur les courts trajets, les frais de chargement et de déchargement et les frais généraux de l'entreprise exercent une notable influence sur le prix de revient. Mais ces mêmes frais s'atténuent et peuvent même s'effacer lorsqu'il s'agit de parcourir un long trajet.

Sur les points où le roulage est sûr de trouver des marchandises de retour, il accorde pour l'aller un prix plus doux. Si, au contraire, il doit revenir à vide, force lui est bien de demander un prix plus élevé, lors même que la distance serait exactement la même. Otez-lui le droit de différencier ses prix, vous l'empêcherez évidemment d'exercer utilement son industrie.

Les mêmes considérations s'appliquent exactement aux transports par eau, et vous avez entendu les exploitants des bateaux à vapeur du Rhône vous dire, l'année dernière, que le fret était le même de Lyon à Arles que de **Lyon** à Avignon, bien qu'Arles et Avignon soient à des distances différentes de Lyon.

Pourquoi donc priveriez-vous de la même faculté les concessionnaires de chemins de fer? Pourquoi leur ôter le droit de se mouvoir dans les limites d'un maximum déterminé, de manière qu'ils puissent mettre leur taxe en rapport avec les besoins du public et les convenances de leur intérêt. D'après les considérations que nous avons exposées, le public ne peut évidemment qu'y gagner, et l'intervention nécessaire de l'autorité pour homologuer les modifications, l'obligation imposée de n'opérer ces modifications qu'à de longs intervalles, et de les faire connaître à l'avance au public, offre assurément toutes les garanties désirables.

3

Les tarifs différentiels sont la base de toutes les opérations de l'industrie des transports. Interdire ces tarifs différentiels, c'est paralyser cette industrie, et, je le déclare, sans tarifs différentiels, vous ne trouverez pas de Compagnie qui se charge d'exploiter vos chemins de fer.

**M. LAPLAGNE-DARRIS.** Je crois qu'il serait peut-être utile de soumettre à la chambre quelques observations, non pas en faveur de l'amendement de M. le vicomte Dubouchage, mais à l'occasion de la question que cet amendement a soulevée. Je dois dire que ce qui m'a donné l'idée de ces observations, c'est une parole de M. le commissaire du roi. Il nous a dit que lorsqu'on s'était occupé de la rédaction des cahiers de charges des compagnies, on n'avait été arrêté que par une pensée, celle d'empêcher les compagnies de hausser leurs tarifs au-delà d'une certaine mesure. Je crois cette idée juste en ce qui concerne une grande partie des entreprises de transports, comme par exemple les transports par voie de canaux et d'amélioration des rivières; mais, en ce qui concerne les chemins de fer, je crois que si le gouvernement ne se préoccupe que de la pensée d'empêcher les compagnies de hausser leurs tarifs au delà d'une certaine limite, il ne pourvoit peut-être pas suffisamment à tous les intérêts que son devoir est de préserver.

Les concessions de chemins de fer sont des faveurs. (Mouvement.)

Je vais expliquer le sens que j'attache à ce mot faveur.

Il n'en a pas d'autre que celui de concession.

Le gouvernement donne à une compagnie le droit de créer une voie, et en même temps, il lui donne le droit d'exploitation: il lui donne le droit de posséder, pendant un nombre d'années déterminé, le monopole du transport sur cette voie. Ce n'est donc pas là, il ne faut pas le perdre de vue, l'exercice de la libre concurrence. Le principe n'est pas le même, le principe, je le répète, est une concession et une concession de l'État.

Dès lors, du moment qu'il fait la concession, l'État doit se préoccuper de tous les intérêts généraux et particuliers qui peuvent être altérés ou modifiés par le fait de cette concession.

Or, la question des droits différentiels sur laquelle M. le rapporteur et M. le commissaire du roi nous ont dit des choses si vraies et si justes, fait naître ou peut faire naître des difficultés très-sérieuses en ce qui touche à des intérêts autres que ceux de la compagnie concessionnaire, et auquel aussi il doit pourvoir.

Eh bien, l'on sait, et depuis quelques années nous en avons eu d'assez fréquents exemples, on sait quelle est la manière de procéder des compagnies industrielles puissantes. Elles étouffent les petites industries, elle les étouffent par une faculté que la loi donne aux compagnies de chemins de fer, par l'abaissement de leurs tarifs. Sans doute si cet abaissement devait durer, s'il devenait l'habitude des transports, je pardonnerais à ces compagnies puissantes de faire disparaître les petites industries qui sont en concurrence avec elles; le public tout entier s'en trouverait à merveille, et il y gagnerait énormément. Mais qu'arrive-t-il? Après que la petite entreprise qui était en concurrence avec la grande a disparu, après qu'elle a été écrasée par la puissance de la grande, les tarifs se relèvent et le public n'y gagne rien; au contraire, il est soumis ainsi, par la puissante action des grandes compagnies, à la nécessité de payer au-delà de ce que la libre concurrence lui ferait payer.

Supposez qu'une compagnie de chemin de fer soit placée à côté ou auprès d'une voie d'eau, d'une voie fluviale, et qu'elle veuille faire disparaître, écraser et mettre en faillite cette entreprise de transport par eau, elle profitera du droit que vous lui donnerez de pouvoir changer ses tarifs, elle les abaissera, elle les réduira à un taux tel que la concurrence ne sera plus possible; et puis, quand ces tarifs auront ainsi détruit la compagnie qui lui faisait concurrence, la compagnie du chemin de fer les rétablira à leur premier taux. Or, y avez-vous pourvu par l'action de l'administration. A cet égard, j'ai cherché dans le cahier des charges de la compagnie, annexé au projet de loi, j'ai cherché dans la loi la clause qui pouvait donner à l'administration le droit d'enlever à une compagnie la faculté de remettre ses tarifs au taux antérieur et je n'ai rien découvert. Aucun pouvoir de cette nature ne me paraît exister.

M. le rapporteur vous a dit qu'aucun tarif ne pouvait être perçu sans l'approbation, sans l'autorisation du préfet. Mais dans quelle disposition de la loi cela se trouve-t-il.

**M. LE MINISTRE DES TRAVAUX PUBLICS.** L'art. 36 du cahier des charges, page 19, contient le paragraphe suivant :

« Tous changements apportés dans les tarifs seront annoncés au moins un mois d'avance par des affiches. Ils ne deviendront obligatoires qu'après avoir été homologués par le préfet des Bouches-du-Rhône. »

**M. LE VICOMTE DUBOUCHAGE.** Mais ils dureront trois mois.

**M. LAPLAGNE-BARRIS.** Nous ne nous occupons que de la hausse des tarifs; si vous vous occupez aussi de l'abaissement, si vous croyez que cette homologation comprend un pouvoir administratif et réel, alors je comprends qu'il peut être pourvu aux intérêts sur lesquels j'appelais l'attention de la chambre.

**M. LE MINISTRE DES TRAVAUX PUBLICS.** La commission et le gouvernement ne l'ont jamais entendu autrement. Si M. Laplagne veut me le permettre, je lui répondrai par deux observations.

D'abord, avant de déterminer un maximum; ainsi que l'a fait remarquer M. le commissaire du roi, on s'enquiert des besoins de tous les intérêts rivaux, on veille, à cette époque-là, à ce que le maximum soit fixé de telle sorte qu'il ne puisse pas devenir un instrument de monopole, et c'est en cela que cette concession diffère des exemples cités par M. Laplagne-Barris.

Comme lui j'ai connu, j'ai déploré les abus de monopoles écrasants contre les industries inférieures. Mais comment les combinaisons arrivaient-elles au succès ? C'est parce qu'elles avaient toute latitude, et qu'ayant abaissé leurs tarifs pour écraser les entreprises rivales, elles les relevaient ensuite, et percevaient sur le public un large tribut. Mais ici il y a une barrière, c'est le maximum, et c'est lors de l'établissement de ce maximum que tous les intérêts sont consultés.

Maintenant j'ajoute, qu'indépendamment de cette première garantie, l'article 36 du cahier des charges porte qu'aucun tarif ne pourra être changé qu'avec l'approbation de l'administration publique, et que quand on voudra abaisser un tarif, non-seulement il faudra en avertir le public un mois à l'avance, mais qu'il faudra se munir de l'autorisation du préfet. Mais quand après l'avoir baissé on voudra le relever pour exercer le monopole, il faudra encore se faire autoriser par l'administration publique. Voilà le sens du paragraphe de l'art 36 que je citais tout à l'heure.

**M. LAPLAGNE-BARRIS.** Le conseil d'État a décidé, dans une espèce analogue, que l'autorisation de l'administration n'était pas nécessaire. Il s'agissait de canaux.

**M. LEGRAND**, *sous secrétaire d'Etat des travaux publics.* C'était une concession de canal.

J'ai fait remarquer que pour ces canaux l'intervention de la puissance publique n'était pas stipulée obligatoirement, jusqu'à présent du moins, dans les cahiers des charges de concessions, sans doute parce que ces canaux sont des voies ouvertes à toutes les entreprises de transport, tandis que pour les chemins de fer la compagnie concessionnaire est seule, par le fait, chargée du transport, ce qui est tout différent.

**M. LE BARON GIROD DE L'AIN** Je crains que l'on ne donne trop d'étendue à l'explication que vient de donner M. le commissaire du roi. Je crois qu'il faut distinguer, même à l'égard des canaux. Lorsque ces canaux reçoivent, comme obligation, un tarif de la puissance publique, c'est ce tarif qu'il faut observer. Quand ce tarif est conçu de façon que les compagnies peuvent jouer dans une échelle, qu'elles peuvent parcourir depuis un minimum jusqu'à un maximum indiqués sans l'intervention de la puissance publique, rien de mieux, c'est la loi qu'on leur a consentie ; en profitant de la faculté, elles ne violent pas la loi. Lorsque ces compagnies ont reçu un tarif déterminé, lorsqu'il est dit que pour telle marchandise de telle catégorie on paiera tel droit, les compagnies n'ont pas plus le droit d'abaisser que d'élever leurs tarifs sans l'intervention de la puissance publique, parce que précisément les perturbations dont on se préoccupe ici, et qu'on a voulu éviter dans le cas dont il s'agit, seraient à craindre, si les compagnies ayant un tarif déterminé et obligatioire, qu'on ne doit ni abaisser ni relever, pouvaient l'abaisser sans l'intervention du gouvernement.

Je viens donc réserver à l'égard même de tels ou tels canaux cette faculté d'abaissement sans l'autorisation de la puissance publique.

Au surplus, il s'agit ici de chemins de fer et non pas de canaux. L'art. 36 a été parfaitement expliqué par M. le ministre des travaux publics. Quand nous nous occuperons de canaux, nous pourrons approfondir la distinction sur laquelle quelques observations ont été échangées.

**M. LE VICOMTE DUBOUCHAGE.** J'aurais à faire une observation essentielle dans l'intérêt de l'amendement que je propose. On pourrait induire des paroles de M. le ministre des travaux publics que les réclamations dont j'ai parlé n'ont été faites que par les délégués des compagnies de bateaux à vapeur sur le Rhône. Non, ce n'est pas seulement ce qui m'a alarmé; il y a eu des réclamations, et ce sont les principales, présentées par les propriétaires, directeurs, entrepreneurs, gérants des mines du bassin houiller de la Loire et de Saint-Étienne. Ceci est bien essentiel, parce que la chambre pourrait croire que c'est un intérêt de concurrence de la part des délégués des compagnies des bateaux à vapeur du Rhône, qui excite leurs réclamations sur l'art. 36. Pas du tout : ce sont les directeurs, les entrepreneurs, tous les propriétaires du bassin de la Loire et de Saint-Étienne qui réclament dans le désir d'obtenir l'amendement que j'ai l'honneur de soumettre à la chambre.

**M. LE BARON DUPIN.** C'est précisément là l'objet des observations que j'ai faites.

**M. LE VICOMTE DUBOUCHAGE.** Peu importe l'abaissement du tarif pour les personnes ; l'abaissement importe beaucoup pour les marchandises d'un gros volume.

**M. LE MINISTRE DES TRAVAUX PUBLICS.** Je désirerais que l'honorable M. Dubouchage voulût bien nous dire en quoi peut consister la lésion qu'il redoute pour les intérêts du bassin de Saint-Étienne. Si le chemin de fer, usant de la faculté du paragraphe de l'art. 36, abaisse au-dessous du maximum le tarif d'Avignon à Arles, et qu'ensuite les exploitations de houille de Saint-Étienne veuillent se servir de la voie de fer pour conduire les produits de leur extraction jusqu'à Arles, ils profiteront de l'abaissement ni plus ni moins que les exploitants de la Grand'Combe.

Je ne comprends pas comment un abaissement profitable à tous, et qui ne peut être consenti par la Compagnie, aux termes de sa charte, qu'autant qu'il profitera à tous, peut être une lésion pour quelqu'un.

L'amendement de M. Dubouchage est mis aux voix et rejeté.

# SÉANCE DE LA CHAMBRE DES DÉPUTÉS

## Du 14 juin 1844.

----

## Discussion du cahier des charges de la Compagnie du chemin de fer d'Orléans à Bordeaux.

----

**M. LANJUINAIS.** Je demande la parole sur le § 5 de l'art. 20.

Le § 5 de cet article est ainsi conçu :

« La perception des taxes devra se faire par la Compagnie indistinctement » et sans aucune faveur. »

Je voudrais savoir si cet article s'applique aux personnes seulement, ou s'il s'applique aussi aux localités entre elles, de manière à introduire autant que possible l'uniformité dans nos tarifs.

On conçoit très-bien que de chemin de fer à chemin de fer il soit impossible d'établir l'uniformité, puisqu'elle n'existe pas dans les tarifs concédés ; mais je crois qu'il est désirable, pour qu'il ne se fasse pas plus de faveurs de localité à localité que de personne à personne, que l'uniformité, appelée par les vœux de tous, soit au moins établie dans cette faible proportion.

Je propose donc d'ajouter au paragraphe que je viens de lire, après les mots : « sans aucune faveur » ces mots : « et d'une manière uniforme sur toute la ligne. »

**M. LE SOUS-SECRÉTAIRE D'ÉTAT DES TRAVAUX PUBLICS.** Messieurs, la question soulevée par M. le comte de Lanjuinais...

**M. LANJUINAIS.** Vous me donnez un titre qui ne m'appartient pas.

**M. LE SOUS-SECRÉTAIRE D'ÉTAT.** La question soulevée par M. Lanjuinais est une des plus graves qui puissent fixer l'attention de la chambre.

M. Lanjuinais veut que les prix soient payés proportionnellement à la dis tance parcourue, soit à l'aller, soit au retour, c'est-à-dire que M. Lanjuinais ne veut pas admettre ce qu'on appelle des prix différentiels. Eh bien, Messieurs, les prix différentiels, c'est la vie de l'industrie des transports.

Lorsque vous avez beaucoup de marchandises qui vont dans un sens, et beaucoup moins de marchandises allant dans le sens contraire, évidemment vous pouvez demander un prix plus faible dans le premier sens, et un prix plus fort dans l'autre sens ; pourvu toutefois que le prix le plus fort reste dans les limites du tarif concédé.

Ainsi, de Paris à Orléans, il y a un mouvement plus considérable que d'Orléans à Paris, ou c'est l'inverse, je ne sais.

**M. SCHNEIDER (D'AUTUN).** C'est d'Orléans à Paris que le mouvement commercial est plus grand.

**M. LE SOUS-SECRÉTAIRE D'ÉTAT.** C'est vrai, je me trompais. Ainsi, dans le sens d'Orléans à Paris, le mouvement est plus grand que dans le sens de Paris à Orléans. La Compagnie, usant du droit qui lui appartient par son cahier des charges, accorde des modérations de prix dans le sens d'Orléans à Paris ; c'est une chose toute naturelle. Dès que la Compagnie transporte une plus grande quantité de marchandises dans ce sens, elle peut faire payer moins cher l'unité. Quand on dirige des transports sur une ville qui donne des retours, le prix peut encore être moins élevé : il sera nécessairement plus considérble si les voitures doivent revenir à vide. Toutes ces combinaisons, quand elles s'opèrent dans les limites du tarif, sous l'autorité et la surveillance de l'administration, sont très-licites, elles profitent également et au public et à la Compagnie.

Empêcher l'usage des prix d'ifférentiels, c'est gêner, c'est entraver inutilement l'industrie de la Compagnie concessionnaire ; c'est en même temps priver la société de toutes les modérations de tarif que la Compagnie pourrait accorder.

**M. LANJUINAIS.** Je suis complétement d'accord avec M. le sous-secrétaire d'État des travaux publics sur l'observation qu'il vient de vous faire. J'admets très-bien que dans toute l'étendue de la ligne, il y ait un tarif différent à la descente et à la remonte. Mais je vais indiquer le danger que j'ai voulu prévenir.

Par exemple, pour la ligne qui nous occupe, celle d'Orléans à Bordeaux, il y a deux parties : le chemin d'Orléans à Tours devait être le tronçon commun du chemin de fer d'Orléans à Bordeaux d'un côté, et du chemin de fer d'Orléans à l'Océan par Angers et Nantes d'un autre côté.

La décision que vous avez prise aujourd'hui a changé complétement cette situation. Elle a donné pour un laps de temps très étendu, pour quarante-sept ans, le tronc commun à la ligne d'Orléans à Bordeaux ; elle l'a affecté, à titre de subvention, d'une manière spéciale, exclusive, à la ligne d'Orléans à Bordeaux. Il n'y aura plus de neutralité, neutralité qui était promise par la loi du 11 juin 1844.

On a changé tout cela dans l'intérêt de la Compagnie qui doit exploiter le chemin de Bordeaux, et je viens signaler les dangers de cette décision, sous le rapport des conséquences qu'elle pourrait avoir si l'on n'admettait pas les observations que vais soumettre à la chambre.

Que va-t-il arriver? La ligne de Nantes et d'Angers sera concédée à des conditions fâcheuses, parce qu'on n'aura pas à lui donner pour subvention, comme à celle de Bordeaux, l'exploitation de l'excellente ligne d'Orléans à Tours, l'une des meilleures de France. Les tarifs de Nantes et d'Angers à Tours seront donc élevés, ce qui sera un grave inconvénient, et d'un autre côté, la Compagnie de Bordeaux à Orléans, qui sera maîtresse des tarifs, pourra les disposer comme elle l'entendra, dans toute l'étendue de la ligne, et procédera, comme je vais le dire, surtout pour les produits qui arrivent par la mer, et qui sont déjà cotés dans le bassin de la Gironde à des prix plus avantageux que ceux du bassin de la Loire.

Au maximum du tarif, le fret d'une tonne de marchandise serait, de Bordeaux à Orléans, de 84 fr., et de Nantes à Orléans, de 55 fr., soit 21 fr. de différence. Or, pour compenser cette différence, on abaissera le tarif de Bordeaux à Tours de 18 cent. à 10 cent., taux établi sur plusieurs chemins de fer, et on maintiendra sur la partie commune de Tours à Orléans le maximum du tarif. La Compagnie recevra un fret affaibli, dont les négociants qui la composent trouveront la compensation dans le bénéfice commercial qui résultera pour eux de la possibilité de faire une concurrence avantageuse aux provenances du bassin de la Loire, concurrence d'autant plus redoutable que ces provenances, comme je l'ai dit, sont ordinairement cotées à 1 ou 2 0/0 plus cher que celles de Bordeaux.

Ainsi le port de Nantes, déjà si languissant, serait supplanté dans son rayon d'approvisionnement par celui de Bordeaux.

C'est ce que je vous supplie de prévenir. Ce serait ajouter un nouveau préjudice à celui que la loi actuelle porte au bassin de la Loire, en le grevant d'une concession à long terme au profit d'un chemin rival : constituer une pareille inégalité par une concession de tarifs, par un privilége accordé à une localité aux dépens de l'autre, ce serait une injustice que la chambre ne commettra pas.

Je demande donc qu'il y ait uniformité dans les tarifs, sur toute l'étendue de la ligne, sans mettre aucun obstacle à la judicieuse distinction établie par la commission.

**M. DUFAURE**, Rapporteur. Messieurs, la proposition de l'honorable M. Lanjuinais consiste à dire que les tarifs seront perçus sur toute la ligne d'une manière uniforme.

La ligne qui est l'objet de la loi est d'une longueur de 475 kilom. L'obligation que l'on veut imposer à la Compagnie est de ne pouvoir faire aucune modification à son tarif, suivant les différentes situations de cette ligne.

Or, cette ligne traverse des pays assez opulents, d'autres d'une aisance médiocre, d'autres qui sont pauvres.

S'il y a une chose naturelle, non pas dans le seul intérêt des Compagnies, mais dans celui du public, c'est que le tarif soit proportionné à la richesse du pays qu'une ligne traverse, c'est que, dans un département où la population n'est pas riche, on donne un tarif plus bas que dans un département où la population peut, sans effort, payer un tarif plus élevé.

L'amendement aurait pour résultat d'empêcher cette réduction de tarif; il interdirait de donner dans le Poitou, par exemple, aux voyageurs que l'on veut appeler, un tarif plus bas que celui que l'on donnerait sur les bords de la Loire. Cela me paraît contraire aux intérêts du public qui voyage.

On dit : Prenez garde à la concurrence qui va s'établir entre Nantes et Bordeaux. La Compagnie pourra donner aux marchandises qui viendront de Bordeaux un tarif plus bas jusqu'à Tours; à Tours, le tarif sera relevé; c'est celui que paieront les marchandises; elles n'auront pas joui entre Nantes et Tours de la faveur du bas tarif établi entre Tours et Bordeaux. N'y a-t-il pas là une véritable injustice?

Je réponds : Entre Tours et Orléans, les marchandises venant de Bordeaux ou de Nantes payant le même tarif, il n'y a aucune inégalité. L'article s'y oppose formellement.

L'honorable M. Lanjuinais voudrait que le tarif fût le même sur toute la ligne de Tours à Bordeaux, pour que les marchandises qui en viennent ne fussent pas favorisées. Mais il y aura deux Compagnies concurrentes; chacune d'elle aura intérêt à amener les marchandises au meilleur marché possible. Si la ligne de Bordeaux baisse ses prix, Nantes baissera les siens. Comment voudriez-vous que la ligne de Nantes eût la faculté de baisser ses prix, et interdire à Bordeaux de baisser les siens? Il est impossible d'enchaîner précisément la Compagnie qui a le plus long parcours et de laisser toute liberté à la Compagnie qui a le moindre. En conscience, je crois exagérées les préoccupations qui ont dicté l'amendement de M. Lanjuinais.

Je crois qu'il veut pourvoir à un danger qui n'est pas réel, qu'il amortirait la libre concurrence, qui est dans l'intérêt de tout le monde, et je crois que, sur une ligne de 475 kilomètres, il interdirait au public les réductions de tarifs que le temps doit inévitablement lui apporter.

Je demande donc à la chambre de ne pas adopter l'amendement.

**M. LANJUINAIS.** Je conviens que le système proposé par la commission et soutenu par M. le rapporteur, a certains avantages. Je déclare d'abord que je suis très-disposé à l'accepter en ce qui concerne les voyageurs; l'intérêt que j'ai signalé n'existe pas à leur égard; je ne veux pas demander une disposition qui n'atteindrait pas le but spécial que j'ai indiqué.

Mais vous allez voir que, si ce système a quelques avantages, il a de bien plus grands inconvénients, et surtout qu'il sera la source de nombreuses injustices. Ainsi, vous avez voulu établir qu'entre deux personnes il n'y aurait pas de faveur; l'article le porte; or, avec le système qu'on propose, rien n'est plus facile que d'établir des faveurs entre deux personnes. Je suppose, par exemple, deux forges de fer établies à 1 kilomètre de distance; comme elles ne sont pas dans la même localité, on pourra établir pour l'une le tarif de 9 centimes, et pour l'autre le tarif maximum de 18 centimes, et de cette manière on pourra enrichir l'une et ruiner l'autre.

Mais je veux répondre topiquement à ce que vient de dire l'honorable M. Dufaure. Il a dit : « Le prix qui sera payé sur la ligne entière sera toujours le même, et si l'on peut baisser sur la ligne de Bordeaux à Tours, on pourra baisser aussi sur la ligne de Nantes à Tours. »

Eh bien, je veux montrer qu'on peut faire sur la ligne de Dordeaux à Orléans une chose qu'il n'est pas possible de faire sur la ligne de Nantes.

La ligne de Bordeaux peut répartir son fret moyen en un fret faible de Bordeaux à Tours, dont la ligne de Nantes ne profitera pas, et en un fret fort, dont la ligne de Nantes subira les fâcheuses conséquences.

Eh bien, pour la ligne de Nantes, le prix du fret ne pourra se régler de cette manière, parce que la ligne de Nantes n'est pas maîtresse de la ligne de Tours à Orléans.

La ligne de Nantes peut d'ailleurs être concédée dans des conditions plus onéreuses que celle de Bordeaux. (Dénégations au banc des ministres.)

C'est mon opinion. Vous avez aliéné le seul moyen qui, je ne dirai pas pût la rendre bonne, mais qui permît une solution équitable : c'était de laisser subsister le tronc commun. Je crois pouvoir dire que la ligne de Nantes ne présente plus les conditions favorables qu'elle devait à la nature des choses.

J'insiste sur ma première observation, qui est celle-ci : Il pourra arriver qu'une localité ayant une relation d'intérêts avec la Compagnie, pourra faire régler sa position d'une manière plus favorable qu'une autre. Il serait plus juste de faire la même condition pour tout le monde. On m'assure à l'instant même qu'un fait de ce genre existe déjà sur la ligne de Rouen, que par un motif spécial une localité est favorisée : c'est là une mauvaise justice distributive.

**M. LE MINISTRE DES TRAVAUX PUBLICS.** Messieurs, l'honorable auteur de l'amendement a rappelé que le chemin d'Orléans à Tours était un tronçon commun aux chemins d'Orléans à Bordeaux et au chemin d'Orléans à Nantes ; il a rappelé que, par un vote qui a été émis, le chemin d'Orléans à Tours était devenu partie intégrante du chemin d'Orléans à Bordeaux ; il en conclut que la ligne de Tours à Nantes étant d'une concession bien plus difficile que la ligne d'Orléans à Bordeaux, il serait possible à la Compagnie d'Orléans à Bordeaux, en la supposant dévouée aux intérêts de Bordeaux et hostile aux intérêts de Nantes, d'abaisser les prix de Bordeaux à Tours et de nuire par là à l'approvisionnement de la ville de Nantes, dont la Compagnie ne pourrait pas supporter la concurrence. Ce sont là, si je ne me trompe, les faits qui ont été présentés par l'honorable préopinant.

Qu'il me permette de lui dire que son argumentation repose sur un fait matériellement inexact. Lorsque la chambre a délibéré sur la question de savoir s'il fallait faire du chemin d'Orléans à Tours une partie intégrante du chemin de Bordeaux ou de celui de Nantes, quelles sont les considérations qui ont déterminé sa résolution ? Les mêmes que celles qui ont déterminé la résolution du gouvernement : c'est que toutes les sections de ce parcours n'étant pas également productives, il était juste de compenser, par la section productive d'Orléans à Tours, celles moins avantageuses de Tours à Bordeaux. Les mêmes raisons ne se rencontraient pas sur la section de Tours à Nantes, qui peut se suffire à elle-même ; il a donc fallu, du tronc commun, faire la partie intégrante de la partie qui ne pourrait être exploitée qu'avec cette addition.

Les faits ainsi établis, voyons ce que propose l'honorable préopinant. La Compagnie de Bordeaux, dit-il, abaissera le prix de Bordeaux à Tours ; mais la Compagnie de Nantes abaissera le prix de Nantes à Tours, de sorte qu'on arrivera à Tours aux mêmes conditions.

Ainsi, si par un motif de concurrence la Compagnie de Bordeaux abaisse le prix de Bordeaux à Tours, par le même motif la Compagnie de Nantes abaissera le sien de Nantes à Tours ; la situation sera donc la même à Tours.

Quel est donc le but de l'amendement de l'honorable préopinant ? Il est aisé de le montrer à la chambre. C'est d'enchaîner la Compagnie de Bordeaux à un tarif égal à celui de Nantes à Tours, de Bordeaux à Tours et d'Orléans à Paris.

Qu'arrivera-t-il ? C'est que la Compagnie de Bordeaux ne pourra pas baisser ses prix entre Tours et Bordeaux, et que la Compagnie de Nantes baissera ses prix entre Nantes et Tours ; et, puisque nous prenons les intérêts des localités dont les Compagnies portent le nom, la ville de Nantes aura la liberté de disputer l'approvisionnement de Bordeaux, tandis que Bordeaux ne pourra pas disputer celui de Nantes. Je ne sais pas si c'est là l'intention de chaque préopinant ; mais ce que nous proposons, c'est une parfaite égalité entre Tours et Nantes. Les tarifs pourront être baissés ailleurs, mais ils ne pourront pas l'être entre Tours et Orléans. Je crois donc qu'il y aurait danger à adopter la proposition de chaque préopinant, et j'en demande le rejet.

**M. GARNIER-PAGÈS.** Messieurs, comme l'a très-bien dit M. Legrand, cette question est très-grave. Il s'agit de la question des prix différentiels. J'accepte complétement l'observation faite par l'honorable M. Legrand, lorsqu'il est venu faire remarquer à M. Lanjuinais qu'il fallait distinguer entre l'aller et le retour. Il est évident que lorsqu'il y a plus à charger, par exemple, pour venir à Paris, il peut y avoir très-peu de marchandises à prendre pour le retour. Il est donc nécessaire qu'il y ait des prix différents.

Je concède encore à M. le rapporteur qu'il y ait des prix différentiels pour les voyageurs. Il est certain que là où il y a des populations pauvres, la Compagnie doit avoir la faculté, dans l'intérêt de la circulation, d'abaisser ses tarifs.

Mais ici se présente une raison très-grave. Tout le monde sait que celui qui est maître du transport est le maître du prix du marché ; tout le monde sait que celui qui peut faire venir la marchandise d'un lieu à un autre, en économisant une certaine somme sur le prix du transport, peut à l'instant même fournir à meilleur compte la marchandise sur un marché.

C'est un fait de commerce, Messieurs, et très-évident pour ceux qui en ont l'habitude.

Mais voici l'objection à laquelle n'ont répondu ni l'honorable M. Dumon, ni l'honorable rapporteur, et que je leur soumets de nouveau. Nous savons parfaitement que la Compagnie de Bordeaux et la Compagnie de Nantes peuvent réduire leurs prix ; chaque Compagnie le peut jusqu'à Tours. Mais si la Compagnie de Bordeaux est maîtresse de la circulation de Tours jusqu'à Orléans, il est évident qu'elle pourra faire surpayer les prix à la Compagnie de Nantes à Tours, si elle le désire.

**M. LE MINISTRE DES TRAVAUX PUBLICS.** Du tout ; le cahier des charges s'y oppose formellement. Une fois arrivés à Tours, ce seront des objets venant de Tours, et le cahier des charges interdit à la Compagnie, pour tous les objets venant de Tours, de prendre un prix différent.

*Un membre.* Les prix de Tours à Orléans permettront de hausser les prix sur d'autres points de la ligne.

**M. GARNIER-PAGÈS.** Je déclare que j'ai lu le cahier des charges avec beaucoup d'attention ; si ce que dit l'honorable M. Dumon est renfermé dans le cahier des charges, mon objection tombe naturellement.

**M. LE MINISTRE.** Page 84.

**M. GARNIER-PAGÈS.** Mais je déclare que je ne l'y ai pas vu, et c'est parce que M. Lanjuinais ne l'a pas vu non plus qu'il a fait son objection et que je suis venu la soutenir.

**M LE MINISTRE DES TRAVAUX PUBLICS,** *lisant le cahier des charges.* « La perception des taxes devra se faire par la Compagnie indistinctement et sans aucune faveur. »

**M. LAURENCE.** Permettez-moi de mettre sous les yeux de la chambre un chiffre qui va démontrer l'impossibilité absolue de l'abus qu'on redoute, l'impossibilité mathématique.

C'est Tours qu'on prend pour point de départ Il n'y a point de difficultés pour le trajet entre Tours et Orléans, les deux lignes de Tours à Nantes et de Tours à Bordeaux ayant cette partie du tracé commune.

La difficulté est, d'un côté, entre Tours et Nantes, et, d'un autre côté, entre Tours et Bordeaux.

Est-il possible que la Compagnie propriétaire, ou la Compagnie exploitante, jouissant de la ligne de Tours à Bordeaux, fasse subir aux différentes parties de la ligne un tel maniment que, transportant à bon marché jusqu'à Tours, et plus cher de Tours à Orléans, elle établisse des conditions défavorables aux arrivages de Nantes ?

Voilà bien quelle est la question.

Je suppose une tonne de marchandise partant de Tours pour aller à Nantes ou de Nantes pour aller à Tours, ce qui est absolument la même chose : elle aura à parcourir 200 kilomètres environ. Il faut accepter le prix le plus élevé de la tonne, qui est de 18 cent.; le moins élevé est de 12 cent.

*Plusieurs membres.* De 14 centimes.

**M. LAURENCE.** La moyenne qu'on peut déduire soit des quantités, soit des qualités des marchandises, est assez généralement fixée à 14 centimes.

Je prends cette moyenne de 14 centimes, et je l'appliquerai à l'une et à l'autre des deux lignes.

200 kilomètres parcourus par la tonne venue de Nantes à Tours, au tarif de 14 centimes, occasionneraient une dépense de 28 francs. La même tonne partie de Bordeaux, arrivée à Tours au même tarif de 14 centimes, aura coûté 28 francs 40 centimes. La différence est donc de 20 fr. 40 c.

Voilà, si le tarif était exécuté exactement de part et d'autre, la différence qui existerait pour le prix du transport entre deux tonnes de marchandises parties l'une de Nantes, l'autre de Bordeaux, et arrivant à Tours, 20 fr. 40 c.

Maintenant, la différence entre la distance parcourue de 200 kilomètres sur Nantes et de 360 kilomètres sur Bordeaux, est de 160 kilomètres; c'est une différence énorme, et pour racheter 160 kilomètres de différence de parcours, il faut d'énormes sacrifices.

Vous allez voir combien ils sont énormes. Il y a 20 fr. 40 c. de différence; il faut les racheter; il faut arriver, s'il est possible à obtenir les mêmes conditions, l'égalité pour les deux distances. Eh bien, répartissez ces 20 fr. 40 c. que la marchandise coûtera de plus pour ces 160 kilomètres de parcours excédant, et il en résulte, par dividende, que la marchandise a supporté

13 centimes en sus pour chaque kilomètre et pour chaque tonne. Pour arriver à égaliser les conditions, il faudrait qu'une tonne partie de Bordeaux
supportât un tarif beaucoup moins élevé qu'une tonne partie de Nantes.

**M. LE SOUS-SECRÉTAIRE D'ÉTAT.** Ce que veut M. Laurence, c'est de
défaire ce que la nature a fait.

**M. LAURENCE.** Mais non, je parle dans votre sens.

**M. LE COMMISSAIRE DU ROI.** Vous voulez que les marchandises puissent
arriver de Bordeaux au même prix.

**M. LAURENCE.** Pas du tout; vous n'avez pas entendu ce que j'ai dit.
Ce que je voulais démontrer, c'est que le danger que craignait M. Lanjuinais est impossible.

**M. GARNIER-PAGÈS.** Je viens proposer un amendement qui est accepté
par le gouvernement et par M. Dufaure, et qui tranche tout à fait la difficulté.

A la page 84, au paragraphe qui dit : « La perception des taxes devra se
faire par la Compagnie indistinctement et sans aucune faveur. » J'ajoute :
« pour les marchandises venant des divers embranchements. »

**M. LE SOUS-SECRÉTAIRE D'ÉTAT AU MINISTÈRE DES TRAVAUX PU-
BLICS.** Par conséquent, sur la ligne principale on pourra transporter avec
faveur.

**M. LAURENCE.** Cela ne résout pas la question.

**M. GARNIER-PAGÈS.** Du reste je demande le renvoi de l'amendement à la
commission. Nous sommes d'accord sur le principe avec M. le rapporteur.
C'est une affaire de rédaction : la commission jugera.

**M. LE MINISTRE DES TRAVAUX PUBLICS.** La rédaction doit dire ceci :
c'est que quand une marchandise partie d'un point est arrivée à un autre,
elle doit être assujettie à la même taxe, encore bien qu'avant d'arriver au
même point les marchandises aient des origines diverses. Voilà ce que nous
voulons dire. La pensée serait également rendue et ne pourrait donner lieu à
l'équivoque que M. le commissaire du roi relevait tout à l'heure.

En disant : « La perception d'un point à un autre devra se faire par la Compagnie indistinctement et sans aucune faveur, » le danger redouté par
M. Lanjuinais est impossible.

Quand deux tonnes de marchandises seraient arrivées, l'une de Nantes à
Tours, l'autre de Bordeaux à Tours, et qu'elles iraient également de Tours à
Orléans, il serait impossible d'admettre un tarif différentiel, parce qu'elles
partiraient du même point et arriveraient au même point.

**M. LUNEAU.** Cette rédaction de M. le ministre ne répond point à l'objection faite.

Il y a deux questions.

M. Garnier-Pagès se préoccupe de la question de savoir si les marchandises parvenues à un point, soit qu'elles viennent de la direction de Bordeaux, soit de celle de Nantes, paieront le même tarif. Ce n'est pas la question posée par l'honorable M. Lanjuinais, qui demande que le tarif soit uniforme sur toute la ligne d'Orléans à Bordeaux; je crois que c'est là son amendement. Je disais tout à l'heure à M. Laurence qu'il était facile de répondre. Dans le fait, je n'accepte pas et je ne puis pas accepter la question telle qu'il l'a posée. Les chemins de fer certainement, quand ils sont établis, ont pour résultat de changer les habitudes; mais quand vous concédez des chemins de fer sur deux directions, la loi doit intervenir le moins possible pour changer les conditions que la nature a faites.

Est-ce que vous voulez que Bordeaux, qui est à 360 kilomètres de Tours, jouisse des avantages accordés à Nantes, qui n'en est qu'à 200 ?

M. Laurence a fait ses calculs sur 400 kilomètres d'un côté, et 200 de l'autre, pour faire voir qu'il faudrait un abaissement énorme de tarif pour que la tonne, arrivée de Bordeaux à Tours, vienne au même prix que la tonne qui vient de Nantes à Tours.

Il ne fallait pas un effort très-grand pour cela. Je suis bien convaincu que toujours la tonne coûtera plus cher de Bordeaux à Tours que de Nantes à Tours. Mais ce n'est pas là l'objection.

Sur une égale distance de 200 kilomètres, à partir de Tours, du côté de Bordeaux et du côté de Nantes, je demande si vous ne rompez pas l'équilibre. Il est évident qu'au moyen des bénéfices faits sur la ligne d'Orléans à Tours, vous pouvez bénéficier les 200 kilomètres de la portion correspondante d'Orléans à Tour, au préjudice de la portion correspondante sur l'autre ligne. Là est toute la question.

**M. LE RAPPORTEUR.** Je prierai la chambre de vouloir bien revenir au point d'où nous sommes partis. M. Lanjuinais demande que les tarifs soient uniformes sur toute l'étendue de la ligne de 475 kilomètres entre Orléans et Bordeaux.

J'ai fait déjà remarquer l'inconvénient qui existait quant aux voyageurs, et M. Lanjuinais a bien voulu convenir que son amendement ne pouvait pas s'appliquer aux voyageurs.

Ce serait déjà une modification à y apporter.

Je le prie de me permettre d'ajouter que la même injustice que j'ai signalée relativement aux voyageurs résulterait de son amendement pour les marchandises. Il peut y avoir même nécessité de varier les prix de transport des marchandises. Je prends un exemple.

Les engrais peuvent payer dans certaines localités un tarif qu'ils ne peuvent pas payer dans d'autres localités. Il est possible que sur la ligne de la Loire les engrais puissent supporter un tarif qu'ils ne pourraient certainement pas supporter dans le Poitou et l'Angoumois. Eh bien, pourquoi imposer un tarif uniforme et obliger les engrais du Poitou et de l'Angoumois à payer absolument sur le même pied que ceux d'Orléans à Tours? Pourquoi un amendement qui établit une règle uniforme pour des lieux si différents par les habitants, les besoins, les intérêts, le degré de richesse? Je déclare que je ne le conçois pas. J'y vois seulement qu'on maintiendra pour tout le monde le tarif que la Compagnie aurait réduit pour quelques-uns, et je n'en apercois pas la nécessité.

On se préoccupe toujours de la rivalité de Nantes et de Bordeaux. Je crois que ce qu'a dit M. Laurence à cet égard est très-fondé; mais si la chambre s'en préoccupait aussi, et voulait donner à Nantes une garantie dans la loi, qu'on trouve une disposition pour accorder cette garantie : je ne m'y oppose pas. Mais qu'on fasse une proposition qui ira imposer, non pas pour le transport des voyageurs, on l'a mis de côté, mais pour le transport des marchandises, un prix uniforme, que sur certains points on pourra payer, et qu'on ne pourra pas payer sur d'autres; cela conduit à une injustice que l'honorable M. Lanjuinais comprend aussi bien que moi. Voilà pourquoi je le prierai de ne pas plus appliquer sa proposition aux marchandises qu'aux voyageurs.

**M. DE PREIGNE**. Il me semble que, dans cette circonstance, la rivalité entre Bordeaux et Nantes est flagrante : Nantes est sacrifiée à Bordeaux.

**M. LE PRÉSIDENT**. L'amendement de M. Lanjuinais consiste à ajouter après ces mots : « et sans aucune faveur, » ceux-ci : « d'une manière uniforme sur toute la ligne. »

**M. LE SOUS-SECRÉTAIRE D'ÉTAT**. Cela n'est pas possible.

*Voix diverses*. Le renvoi à la commission ! — Aux voix ! aux voix !

**M. LE PRÉSIDENT**. On demande le renvoi à la commission ; je le mets aux voix.

(Le renvoi n'est pas prononcé.)

Je consulte la chambre sur l'amendement lui-même.

(L'amendement, mis aux voix, n'est pas adopté.)

**M. LE PRÉSIDENT**. Maintenant voici l'amendement de M. Garnier-Pagès.

**M. GARNIER-PAGÈS**. Si vous le permettez, je vais le lire; je viens de le refaire d'accord avec M. le rapporteur. Le voici :

« La perception des taxes devra se faire par la Compagnie indistinctement et sans aucune faveur; cette disposition est applicable aux marchandises venaut de divers embranchements. »

**M. LE MINISTRE DES TRAVAUX PUBLICS**. Les lignes ne viennent pas d'un embranchement.

**M. LE SOUS-SECRÉTAIRE D'ÉTAT**. C'est déjà écrit dans le cahier des charges.

**M. GARNIER-PAGÈS**. Je demande bien pardon à M. Legrand ; mais lorsque je me suis adressé à M. le ministre pour savoir où cela était, il m'a dit page 84. Cela ne m'a pas paru suffisamment expliqué ; j'ai proposé mon amendement pour l'expliquer d'une manière plus claire et plus positive. M. le ministre a répondu qu'il l'acceptait, puisque cela rendait la pensée plus claire. M. le rapporteur l'a accepté par le même motif. Il n'y a donc aucune opposition à cet amendement, qui dit tout simplement :

« Cette disposition est applicable aux marchandises venant des divers embranchements. » Il ne dit rien de plus.

**M. LE MINISTRE DES TRAVAUX PUBLICS**. Je ne contestais que la rédaction.

Les marchandises ne viennent pas de divers embranchements, elles aboutissent à un point principal par divers embranchements, si la chambre juge cet amendement nécessaire, je crois qu'il faudrait dire : « Cette disposition est applicable aux marchandises aboutissant à un même point de la ligne principale par divers embranchements. »

**M. LE RAPPORTEUR**. La commission est convaincue que le paragraphe, tel qu'il est rédigé, empêcherait l'abus que M. Garnier-Pagès a prévu par son amendement : si cependant quelques membres sont tellement préoccupés de cette crainte, qu'ils veuillent introduire dans la loi autre chose, la rédaction proposée par M. le ministre me paraît acceptable ; mais nous croyons que lorsqu'on dit : Que la perception se fera sans aucune faveur, tout est dit.

**M. DELESSERT**. Je proposerai d'ajouter ces mots :

« De quelque point que viennent les marchandises. »

**M. LE MINISTRE DES TRAVAUX PUBLICS**. La discussion qui continue me démontre de plus en plus que la rédaction du projet est suffisante. Certainement, on regarderait comme très-explicite une rédaction qui dirait : « Sans distinction d'origine. » Eh bien, *indistinctement* ne dit-il pas la même chose ? C'est sans cette distinction et sans toute autre.

**M. GARNIER-PAGÈS**. Cela s'entend, mais cela pourrait causer des difficultés. Si vous saviez véritablement ce qui se passe sur les campagnes de Rouen et d'Orléans, vous verriez qu'on épilogue sur les moindres détails, et lorsque vous trouvez le moyen d'empêcher des procès, et que c'est dans votre pensée, pourquoi repoussez-vous ce qui n'est pas inutile, ce qui vient rendre la pensée plus claire, et que vous acceptiez tout à l'heure ?

**M. BINEAU**. Je demande la permission à la chambre de soumettre à M. le rapporteur une simple question.

Des marchandises de même nature viendront de Bordeaux et de Nantes. Un tonneau de vin, par exemple, parti de Bordeaux, sera expédié pour Orléans moyennant un certain prix qu'il est simple d'indiquer. Divisez ce prix par le nombre des kilomètres à parcourir depuis Bordeaux jusqu'à Orléans :

il en résultera que le transport se sera fait à raison d'un certain nombre de centimes par tonneau et par kilomètre.

Un tonneau de vin viendra de même de Nantes par la Loire ou autrement, et arrivera à Tours, où il prendra le chemin de Tours à Orléans.

Je demande si le dernier que la Compagnie de Bordeaux à Orléans prendra à Tours sera transporté par elle de Tours jusqu'à Orléans au même prix par kilomètre que le tonneau de vin pris à Bordeaux; ou si, au contraire.....

**M. LAURENCE.** C'est voté, il n'y a plus à parler de cela.

**M. BINEAU.** Si c'est voté et si le prix n'est pas nécessairement le même pour les deux provenances, je n'ai pas besoin de faire remarquer l'iniquité profonde que cela constitue.

*Un membre.* Vous faites bien l'éloge des votes de la chambre.

**M. BINEAU.** Je le demande à M. le rapporteur, car il n'est pas inutile que la chambre sache ce qu'elle a voté; je le prie de vouloir bien me dire quel sens il attache au vote qui vient d'avoir lieu. Car si tel est le sens de ce vote, il est évident pour moi qu'il y a iniquité.

*Plusieurs membres* Dans les limites du tarif.

**M. BINEAU.** Oui, toujours dans les limites du tarif; mais ce ne n'est pas là qu'est la difficulté.

Je répète ma question : Un tonneau de vin part de Bordeaux pour Orléans, il paie une certaine somme... Divisez cette somme par le nombre de kilomètres qui séparent Bordeaux d'Orléans; cela fait un prix de tant de centimes par kilomètre; je demande si le tonneau de vin que l'on prendra à Tours, venant de Nantes, sera transporté de Tours à Orléans au prix qu'a payé par kilomètre, depuis Bordeaux jusqu'à Orléans, le tonneau venant de Bordeaux?

**M. LE SOUS-SECRÉTAIRE D'ÉTAT.** Entre Tours et Orléans, oui.

**M. BINEAU.** Je vais préciser un chiffre pour me faire comprendre.

Supposons que le prix soit de 40 fr. de Bordeaux à Orléans. La distance de Tours à Orléans est le quart de la distance totale. Le tonneau pris à Tours devrait donc payer à peu près le quart de la somme totale, soit 10 fr. environ.

Mais s'il plaît à la Compagnie qui aura la ligne de Bordeaux à Orléans de dire : Je prends 40 fr., c'est vrai; mais il y en a seulement 10 que j'applique de Bordeaux à Tours, et j'en applique 30 de Tours à Orléans. (Réclamations.)

Permettez! Les tarifs autorisent non pas d'en appliquer 30, mais 20. Eh bien, vous voyez dans quelle position se trouveront les provenances de la basse Loire. Le tonneau de vin arrivant de Bordeaux ne paiera, pour aller de Tours à Orléans, que 10 fr., et l'autre en paiera 20. (Dénégations.)

**M. LUNEAU.** Si l'avantage n'a pas lieu pour Bordeaux, il aura lieu pour Angoulême.

**M. BINEAU.** La question est extrêmement grave. Malheureusement elle porte sur des objets matériels qui peuvent paraître n'être pas dignes de l'attention de la chambre. (Si! si!) Mais il ne s'agit de rien moins que de savoir si vous dépouillerez toute une partie du territoire au profit de l'autre,

**M. GRANDIN.** Voulez-vous me permettre de citer un fait.

La compagnie de Rouen a réduit ses prix de transport de Rouen à Paris de 16 centimes, prix concédé par le tarif à 9 centimes ; s'il lui convient de maintenir le chiffre de 16 centimes pour les points intermédiaires, ou de les faire jouir de la réduction à des degrés divers...

**M. LE MINISTRE DES TRAVAUX PUBLICS.** Elle est dans son droit.

**M. GRANDIN.** Si elle favorise certaines localités et qu'elle aggrave comparativement la position de certaines autres, est-ce là ce que vous entendez autoriser ? est-ce là ce que vous voulez sanctionner ?

Si encore, dans l'article que nous discutons, le gouvernement s'était réservé le droit d'examiner si les modifications de tarif sont équitables et loyales, et s'il s'était réservé le droit de ne les sanctionner qu'autant qu'il aurait acquis cette certitude, on pourrait encore trouver là une sorte de garantie contre les abus. Mais il n'en est rien. Le gouvernement n'intervient que pour homologuer les décisions de la Compagnie, c'est-à-dire que son rôle se bornera à celui d'un simple commis : il est tenu d'enregistrer purement et simplement les décisions de la compagnie, fussent-elles injustes et vexatoires.

**M. LE SOUS-SECRÉTAIRE D'ÉTAT.** Elle est dans l'exercice intelligent de ses droits.

**M. GRANDIN.** Intelligent sans doute, mais quelquefois malveillant.

**M. BINEAU.** Je ne m'arrête pas à l'observation de **M.** Grandin; elle touche à un point plus général que je n'examine pas en ce moment.

Quant à moi, ma conviction serait que la perception des taxes devrait se faire uniformément sur toutes les portions de chaque ligne.

Mais ce n'est pas ce dont il s'agit ici.

**M. LE MINISTRE DES TRAVAUX PUBLICS.** La chambre a rejeté cet amendement, elle l'a rejeté en connaissance de cause.

**M. BINEAU.** Je n'en prie pas moins M. le rapporteur de vouloir bien répondre à ma question ; cette réponse aura de l'importance ; elle ne fera pas revenir la chambre sur le vote qui a été émis tout à l'heure ; mais, en nous apprenant le sens et la portée de ce vote, elle éclairera notre religion.

Je crois que j'ai le droit de demander soit à **M.** le rapporteur, soit à M. le ministre des travaux publics, de vouloir bien nous dire dans quel sens ils entendent que le vote de la chambre a été émis.

**M. LE RAPPORTEUR.** M. Bineau m'a adressé quatre fois la même question. Je ne lui ai pas répondu par une très-bonne raison : j'attendais que M. Bineau descendît de la tribune ; il y est resté; je n'ai donc pas pu lui répondre. (Hilarité.)

**M. BINEAU.** Je ne crois pas que ce soit là la cause qui ait empêché M. le rapporteur de me répondre.

**M. LE RAPPORTEUR.** Je ne crois pas que M. Bineau ait le droit de douter de ce que je dis. (Très-bien !)

Je ne sais, en vérité, sur quoi nous discutons en ce moment.

L'honorable M. Lanjuinais a proposé un amendement ; il l'a développé au moins aussi bien que vient de le faire l'honorable M. Bineau ; la chambre a longtemps discuté, elle devait discuter : l'amendement en valait la peine, il était sérieux. L'amendement, après mûr examen, a été d'abord réduit, et il avait le sens qu'indique M. Bineau, uniformité de tarif sur toute la ligne entre Orléans et Bordeaux : c'étaient ses termes ; il a été d'abord réduit volontairement par son auteur quant aux voyageurs.

Quant aux marchandises, devait-on le maintenir ? On l'a examiné, on a été convaincu que dans l'intérêt de toute la ligne il était nécessaire de le rejeter pour les marchandises comme pour les voyageurs ; qu'il y avait la même importance, la même raison ; la chambre l'a rejeté à une grande majorité, je puis le dire.

Maintenant que cet amendement est rejeté, que me demande-t-on ? On me demande quel est le sens du rejet de l'amendement.

Mais, en vérité, si l'honorable M. Bineau avait assisté à la discussion, il n'aurait pas eu le moindre doute sur le sens de ce rejet.

La chambre a pensé qu'il serait d'une extrême injustice d'imposer à la Compagnie, ou plutôt aux localités qui sont entre Orléans et Bordeaux, la nécessité d'un même tarif, que ce serait empêcher la réduction des tarifs dans des lieux où la Compagnie concessionnaire aurait eu intérêt d'en accorder.

Maintenant quelles en seront les conséquences ? Voilà un tonneau de vin partant de Bordeaux et un tonneau de vin partant de Nantes, sur la ligne de Tours à Orléans ; quel tarif paieront-ils l'un et l'autre ?

Je réponds d'abord d'une manière absolue que la loi, que le cahier des charges, que la disposition que nous défendons, et que personne n'attaque ici, imposent à la Compagnie concessionnaire l'obligation, le devoir rigoureux, pour les 115 kilomètres qui séparent Tours d'Orléans, d'exiger de chacun des tonneaux de vin le même tarif par kilomètre ; c'est là l'obligation qui lui est imposée.

On se préoccupait tout à l heure, laissant Bordeaux de côté à cause de son éloignement, d'Angoulême, de Ruffec, de Poitiers et de Châtelleraut. Vous approcherez aussi près que vous le voudrez de Tours ; la Compagnie concessionnaire (et si elle ne le faisait pas il y aurait abus), la Compagnie concessionnaire est obligée, sur la ligne d'Orléans à Tours, de faire payer, pour chaque kilomètre parcouru, le même prix au tonneau de vin, de quelque part qu'il vienne.

Maintenant, si l'on prend les tarifs entre Tours et Bordeaux, qui seront réduits sur quelques parties de la ligne, qu'on les cumule avec le tarif d'Orléans à Tours, qu'on fasse ensuite une moyenne pour les 475 kilomètres de toute la ligne, il pourra arriver qu'un tonneau de vin, considéré dans l'ensemble de son parcours, paie moins entre Orléans et Tours que le tonneau venant de Nantes.

C'est possible, je ne le conteste pas. Si, entre Poitiers et Angoulême, la Compagnie croit de l'intérêt des producteurs de vin d'abaisser sur quelques points les tarifs, lorsque vous arriverez à Orléans, cumulant les tarifs des 475 kilomètres, il est indubitable que vous aurez un 475ᵉ ou un prix par kilomètre moins fort que le tarif payé par le tonneau qui viendra de Nantes, entre Tours et Orléans.

Mais attendez : il peut arriver une chose que M. Bineau n'a pas prévue. La Compagnie qui aura la concession entre Nantes et Tours fera peut-être aussi des abaissements de tarifs plus forts que la Compagnie qui vient de Bordeaux, et alors, si nous prenons la moyenne des 315 kilomètres qui séparent Nantes d'Orléans, quel sera le 315ᵉ, ou bien la moyenne de chaque kilomètre payé par tonneau entre Orléans et Tours ? Je n'en sais rien, en vérité.

Comment pouvons-nous le savoir ? Cela dépend de l'intérêt des deux Compagnies, l'une qui aura intérêt à abaisser le prix des vins entre Nantes et Tours.

Tours, l'autre qui aura intérêt à abaisser le tarif des vins entre Bordeaux et

Nous en revenons toujours à la même discussion qui s'est engagée sur l'amendement de M. Lanjuinais. Il n'y a rien de nouveau dans les observations qu'un peu tard est venu présenter M. Bineau. La situation est toujours la même; le tarif doit être le même pour chaque kilomètre entre Orléans et Tours, et ensuite, comme il y aurait une incroyable injustice à empêcher les populations qui séparent Tours de Bordeaux d'obtenir une réduction de tarifs; il n'y a pas de raison pour adopter une disposition aussi absolue que celle que proposait M. Lanjuinais.

La chambre a décidé, et je ne la crois pas disposée à revenir sur son vote.

**M. LE PRÉSIDENT.** La chambre a à se prononcer en ce moment sur une disposition proposée par M. Garnier-Pagès. Cette disposition consiste a ajouter après ces mots : « La perception des taxes devra se faire par la compagnie indistinctement et sans aucune faveur, » ceux-ci : « Cette disposition est applicable aux marchandises provenant de divers embranchements »

**M. LUNEAU.** M. Garnier-Pagès est effectivement préoccupé de ce point que le tarif soit perçu de la même manière sur la portion commune; mais il n'empêche pas que l'observation qui a été faite ne subsiste, et si l'amendement est adopté, comme on l'a dit, on peut parfaitement bien en signaler l'injustice, afin de parler contre la loi.

Eh bien , il résulte ceci : c'est que les vins provenant de 200 kilomètres, ou ceux de Nantes, peuvent se trouver dans cette situation. (Interruption.)

*Une voix*. Mais vous recommencez la même discussion.

**M. LUNEAU.** Nos honorables collègues de Bordeaux voudraient m'empêcher de faire mon observation. Je conçois parfaitement cela ; cependant je réponds que quand on s'est déjà inféodé une ligne, on doit au moins permettre quelques observations.

Eh bien, il en résulte que les bénéfices faits sur la portion de Tours à Orléans permettront de faire des voyages à 8 c. sur un parcours de 200 kilomètres, et terme moyen 8 ; 8 et 18 font 26 c., dont la moyenne sera 13. Tandis que, dans l'autre système, Nantes pourrait payer 16 c. : d'où suivra une différence de près d'un cinquième sur les transports. Eh bien, il est certain qu'il y a dans cette disposition une souveraine injustice. Cela prouve que, quand il y a des troncs communs, on doit prendre alors des précautions qui ne sont pas nécessaires quand il s'agit d'un parcours général, et l'attention de la chambre ne me semble pas avoir été suffisamment appelée sur ce point.

*Voix diverses*. La lecture de l'amendement !

(M. le président relit l'amendement de M. Garnier-Pagès.)

**M. GARNIER-PAGÈS.** Il est accepté par le gouvernement et par la commission.

(M. le président donne une nouvelle lecture de l'amendement, qui est mis aux voix et rejeté.

# SÉANCE DE L'ASSEMBLÉE LÉGISLATIVE

## Du 1851.

---

### Discussion de l'art. 27 du cahier des charges de la Compagnie du chemin de fer de l'Ouest.

---

**M. LE PRÉSIDENT.** Maintenant il y a un autre amendement de M. Kestner sur le paragraphe 12 de l'art. 27.

**M. KESTNER.** Messieurs, l'amendement que je propose se rapporte au douzième paragraphe de l'art. 27. Il est ainsi conçu dans le cahier des charges : « La perception des taxes devra se faire par la Compagnie indistinctement et sans aucune faveur. Dans le cas où la Compagnie aurait accordé à un ou plusieurs expéditeurs une réduction sur l'un des prix portés au tarif, avant de la mettre à exécution, elle devra en donner connaissance à l'administration, et celle-ci aura le droit de déclarer la réduction, une fois consentie, obligatoire vis-à-vis de tous les expéditeurs, et applicable à tous les articles d'une même nature. La taxe ainsi réduite ne pourra, comme pour les autres réductions, être relevée avant un délai d'un an. »

L'article demande donc que l'administration ait le droit de déclarer la réduction, une fois consentie, obligatoire vis-à-vis de tous les expéditeurs, et, dans mon amendement, je propose que cette réduction soit de droit obligatoire.

Vous voyez, Messieurs, que dans la première partie de ce paragraphe du cahier des charges, qui est identiquement le même que dans tous les autres cahiers des charges des chemins de fer, on pose un principe absolu : c'est le principe que la Compagnie doit faire indistinctement et sans aucune faveur la perception de toutes les taxes. Mais, immédiatement après, cet article propose une restriction à ce principe dans son application, en laissant à l'administration la faculté de ne pas rendre obligatoire la réduction consentie par

6

elle. Je crois que c'est là un vice très-grave des cahiers des charges, et j'espère qu'il ne me sera pas difficile de le démontrer en très-peu de mots.

Personne n'ignore combien les Compagnies des chemins de fer sont ingénieuses pour éluder, lorsque leur intérêt l'exige, les lois et les règlements qui concernent les taxes et les tarifs. On a commencé par modifier la classification des marchandises, c'est-à-dire qu'on a déclassé les marchandises, qu'on les a changées de catégorie, lorsqu'on voulait transporter certaines marchandises à un prix inférieur à celui prévu dans les tarifs; puis on a consenti à des réductions exceptionnelles, tantôt en faveur des expéditeurs les plus éloignés, tantôt en faveur des expéditeurs qui fournissent la plus grande quantité de marchandises, comme aussi en faveur des expéditeurs qui prennent l'engagement de fournir, pendant un certain délai, toutes leurs marchandises à la voie de fer, ou bien on a fait profiter certains expéditeurs des avantages de la grande vitesse, tout en leur appliquant les tarifs de la petite vitesse. Enfin on a employé tous les moyens, je dirai même on a employé des manœuvres, lorsque l'intérêt du moment ou l'avenir du monopole l'exigeait, pour favoriser telle personne, telle industrie ou telle localité.

Je pourrais citer maint exemple de cet abus, mais je me bornerai à quelques-uns. Ainsi je commencerai par citer les Compagnies des chemins de fer d'Orléans, Bordeaux et Nantes. Ces trois Compagnies se sont réunies pour fixer un prix de transport pour les trois-six et les eaux-de-vie. D'Angers jusqu'à Paris, ce prix a été fixé à 38 fr.; mais un autre tarif fixe à 26 fr. seulement le transport des mêmes eaux-de-vie et trois-six provenant de la mer. Vous voyez la différence : les uns paient 38 fr., les autres 26 fr.; et par là les Compagnies attirent sur leur chemin les marchandises enlevées au cabotage.

Autre exemple. Les sucres de toute nature, quelle que soit leur origine, quelle que soit leur qualité, bruts ou raffinés, sont classés dans une seule catégorie. Eh bien, la Compagnie du chemin de fer du Nord transporte les sucres bruts de Valenciennes à Paris, à 26 fr., et fait payer 30 fr. aux sucres raffinés. Cette différence est nécessairement en faveur des raffineries de Paris au préjudice des raffineries du Nord.

Enfin, un troisième exemple. La Compagnie du chemin de fer de Strasbourg a fait des traités avec des personnes qui se sont engagées à leur donner toutes les marchandises pendant une année. Dans ce traité, la Compagnie a réduit de 16 centimes à 9 le prix de transport pour les graines et farines.

Ces faits sont constatés et notoires ; je ne pense pas qu'on les conteste. Ils ont, d'ailleurs, provoqué de nombreuses réclamations; les tribunaux ont été saisis, à cet égard, de nombreuses contestations, et je ne crains pas de qualifier ces contestations, en beaucoup de points, comme de véritables scandales.

Les chambres de commerce se sont alarmées également sur tous les points de la France ; la chambre de commerce d'Orléans, par exemple, au mois d'octobre dernier, a adressé au gouvernement ses plaintes, et a réclamé avec énergie contre les tarifs réduits qui favorisent le vin de la basse Loire et le vinaigre de Blois, au détriment du vinaigre d'Orléans.

La chambre de commerce de Boulogne se plaint avec non moins de vivacité des tarifs réduits qui avaient été homologués par le gouvernement, et qui sont appliqués sur le chemin du Nord aux personnes et aux marchandises allant de Paris en Angleterre par Dunkerque, au préjudice des personnes et des marchandises qui vont de Paris en Angleterre par Boulogne.

Permettez-moi de vous lire une seule phrase de la lettre adressée par la chambre de commerce de Boulogne à M. le ministre de l'agriculture et du commerce. Après avoir remarqué que le conseil d'agriculture de Valenciennes avait déjà fait les mêmes réclamations, elle ajoute : « Mais on ne saurait trop souvent montrer aux dépositaires du pouvoir ce que c'est que cette puissance qui domine les lois elles-mêmes (la puissance des Compagnies, et à quelles conséquences peut conduire l'incroyable tolérance dont on use envers ces flagrantes illégalités. »

Elle conclut en demandant l'interdiction de tous les tarifs différentiels, et, ce qui revient au même, l'obligation de régler uniformément les prix sur la seule distance kilométrique.

Voilà des opinions qui doivent avoir quelque poids sur vos esprits.

Le conseil d'État lui-même a cru nécessaire de faire une enquête sur le système des tarifs différentiels, et on trouve dans cette enquête de nombreuses preuves de la vérité de ce que j'avance. J'en conviens, les abus que j'attaque sont souvent occultes ; il est difficile alors ou même impossible d'en obtenir la preuve positive et matérielle.

Ce n'est pas là, pour le dire en passant, un des moindres inconvénients du système des Compagnies ; mais souvent aussi l'administration ferme les yeux à dessein, ou elle autorise sans examen préalable et sans enquête la réduction de tarif qui contient les inégalités les plus iniques. L'article du cahier des charges lui en donne le droit ; il autorise les tarifs différentiels ; la faculté de rendre les tarifs réduits obligatoires implique nécessairement aussi la faculté de ne pas le faire et de consacrer des préférences, des exceptions.

Les partisans fanatiques de l'exploitation des chemins de fer par l'industrie privée prétendent, je le sais, qu'on ne saurait faire assez d'avantages aux Compagnies, et que les tarifs différentiels sont la condition nécessaire de leur prospérité.

Quant à moi, si je vois avec douleur livrer aux Compagnies les trésors de l'État avec une libéralité excessive et bien imprudente à mon avis, je ne vois pas avec moins de peine et moins d'inquiétude remettre entre leurs mains l'avenir de l'industrie, du commerce, de la navigation et de l'agriculture. (Approbation à gauche.)

Avec ce système, soyez-en certains, les Compagnies pourront, à leur gré, faire prospérer certaines contrées au détriment de certaines autres.

Je me résume, et je dis : les Compagnies ont toutes reçu des subventions de l'État, et journellement elles demandent son appui. Les Compagnies vivent par l'État ; sans lui, elles n'existeraient pas. Dans cette situation, je prétends qu'elles doivent aux citoyens ce que l'État leur doit lui-même, c'est-à-dire une égalité absolue.

**M. DE MOUCHY.** Allons, le transport gratuit ! (On rit.)

**M. KESTNER.** L'intervention de l'administration, dans les cas dont il s'agit, est inefficace et mauvaise ; car, d'une part, les Compagnies sont assez habiles pour se soustraire à sa surveillance, ou bien, ce qui est bien pis, elles sont assez puissantes pour obtenir son concours. Je dis enfin qu'en retirant à l'administration la faculté inscrite dans les anciens cahiers des charges, on la met à l'abri des obsessions incessantes des Compagnies. Il y a plus, on lui évite le désagrément de voir condamner par des tribunaux les tarifs que l'administration elle-même a homologués. Je demande donc, en attendant, que la législation sur les tarifs des chemins de fer puisse être revisée dans son ensemble, et que vous admettiez. pour le chemin de l'Ouest, le principe absolu de la perception égale, sans aucune restriction.

C'est là le but de mon amendement. (Assentiment à gauche.)

**M. DARU.** Messieurs, la proposition faite par l'honorable préopinant consiste dans ceci : Egalité et uniformité des taxes ; quel que soit le nombre des tonnes fournies par un expéditeur à un transporteur, quelle que soit la distance parcourue par ces tonnes, qu'elles viennent de près ou de loin, égalité et uniformité pour une même nature de marchandises toujours et partout.

Dans l'état actuel de la législation, les actes de concession permettent que des tarifs différentiels soient établis, sous le contrôle de l'administration, dans des circonstances déterminées, sous cette réserve, que tout expéditeur pourra, dans la même condition, obtenir la même réduction de prix. (C'est cela !)

Le ministre, avant d'homologuer les taxes dont l'application lui est demandée, consulte la commission centrale des chemins de fer, qui statue après un sérieux examen, après avoir entendu les parties intéressées, et après avoir pesé les avantages ou les inconvénients attachés aux réductions de tarifs qui lui sont proposées.

Entre ces deux systèmes, une tarification aveugle égale pour tous, ou une tarification intelligente réglée d'après les conditions des transports, vous avez à choisir.

Cette question, Messieurs, est grave et a plus de portée qu'au premier aspect on ne serait peut-être disposé à lui en attribuer.

Qu'entend-on par des taxes différentielles? Ce sont des tarifs qui, pour une même nature de marchandises, varient soit en raison de la quantité livrée par l'expéditeur, soit en raison des distances, ou du sens dans lequel le mouvement s'effectue.

Ainsi un expéditeur s'engage à livrer à une Compagnie, au lieu d'une tonne apportée accidentellement, par hasard, quatre tonnes par jour, un wagon plein; un autre expéditeur s'engage à en livrer dix, à équilibrer le mouvement dans les deux sens, à la remonte et à la descente : vous ne leur ferez pas payer le même prix. Comme la Compagnie trouve son avantage dans ces offres, et peut réaliser, grâce à un plus fort tonnage ou à un tonnage mieux équilibré, une économie sur ses frais de parcours, elle devra faire participer l'expéditeur, qui le réclame, qui demande un abaissement de prix, aux bénéfices qu'elle lui doit; elle réduira donc pour lui, et pour tous ceux qui se placeront dans la même situation que lui, ses prix généraux de transport.

Quelquefois, et c'est l'exemple que citait l'honorable M. Kestner, les tarifs varient en raison des plus grandes distances parcourues. Le chemin de fer de Nantes a demandé et obtenu l'autorisation d'établir une taxe différentielle sur les eaux-de-vie du Midi et sur les vins de Bordeaux, qui, venant de loin, ne pouvaient pas supporter les tarifs que les vins récoltés sur le littoral de la Loire peuvent acquitter. A de telles conditions, on ne les transporterait pas. La Compagnie a donc abaissé ses tarifs au profit des vins de Bordeaux et de tous les expéditeurs qui les enverraient pour des quantités égales et pour une même provenance.

Les tarifs ne varient pas seulement selon la quantité ni selon les distances, ils varient aussi selon le sens dans lequel le mouvement s'effectue. Vous savez, en effet, Messieurs, que Paris absorbe des approvisionnements considérables et de toute nature, tandis qu'au contraire, il ne rend à la circulation qu'un petit nombre d'objets. De là résulte une mauvaise condition pour les transports; car les convois sont chargés seulement au retour; ils sont vides au départ, et, par conséquent, la marchandise qui remonte est obligée de payer non-seulement les frais du convoi qui l'amène à Paris, mais aussi les frais de retour à vide du train qui l'a portée. Lorsque, au contraire, les marchandises sont également abondantes à la remonte et à la descente, comme toute la force motrice est utilisée, les prix de revient diminuent. Pour en arriver là, pour avoir des marchandises descendantes, l'on a réduit énormément les transports des plâtres qui s'extraient autour de Paris; on les a portés jusqu'à des distances très-éloignées, au plus grand profit de toutes nos exploitations agricoles.

Ces tarifs différentiels sont la vie de toute voie de transport, quelle qu'elle soit, routes, chemins de fer et canaux ; ils existent sur toutes ; ils sont appliqués dans tous les pays du monde depuis qu'il y a des transports, c'est-à-dire de tout temps.

Ainsi, sur les voies d'eau il y a des tarifs différentiels. Je citerai à l'honorable M. Kestner des faits qu'il doit parfaitement connaître, car ils se sont passés dans son département. Sur le canal du Rhône au Rhin, les marchandises en transit ne paient aucun droit ; tandis que les marchandises de même nature, qui ne sont pas des marchandises de transit, paient les droits ordinaires du canal. Récemment, quand le chemin de fer de Strasbourg à Bâle est venu faire une concurrence redoutable au canal du Rhône au Rhin, qu'a-t-on fait? Sur la partie comprise entre Strasbourg et Bâle on a établi des tarifs réduits, qui ne sont pas applicables aux autres parties du canal où cette réduction n'était pas nécessaire.

Les exemples abondent. Est-ce que le fret sur les voies d'eau, est-ce que le prix des roulages sur les voies de terre, ne varient pas tous les jours, suivant les saisons, suivant les conditions du transport, suivant les quantités des choses transportées? Est-ce qu'il n'y a pas une liberté entière donnée au transporteur de traiter avec les expéditeurs aux conditions qu'il juge préférables? Aucune règle, aucune limite ne leur a été jamais imposée : ni limite de temps, quant à la durée des tarifs ; ni intervention administrative, ni publicité, ni affiches.

Pour les chemins de fer, cette liberté n'existe pas, et, à mon avis, ne doit pas exister. Les conditions des lois de concessions ont été prévoyantes ; elles ont laissé la faculté, mais l'ont réglée ; elles ont donné le droit, mais le droit suit le contrôle administratif. Elles ont mis trois conditions formelles à l'exercice de ce droit : d'abord l'homologation administrative ; en second lieu, l'interdiction de tout relèvement des tarifs réduits avant le délai d'une année ; en troisième lieu, une pénalité applicable si la Compagnie abuse de la faculté qui lui est donnée. Le ministre des travaux publics peut alors déclarer la réduction, une fois consentie, applicable à toutes les marchandises de même nature et qui ne seraient pas dans les conditions de traités passés pour les transports spéciaux.

Voilà ce que nos lois ont fait.

En Angleterre, de telles précautions n'ont pas été prises. Liberté absolue de tarification au-dessous des *maxima* a été accordée aux Compagnies. On s'en est rapporté à l'empire de l'opinion, aux mœurs, pour arrêter, prévenir les abus possibles d'un droit illimité.

En Belgique, voici comment le gouvernement s'y est pris pour établir des

-tarifs différentiels sans en avoir l'air. Le droit de perception est un impôt perçu par le gouvernement ; il ne peut pas varier selon les circonstances ; il doit être le même pour tous ; il est écrit, publié, affiché dans les conditions apparentes d'une égalité absolue. Mais voici ce que l'on fait : on a des tarifs différentiels sur les marchandises ; car on suppose des distances parcourues différentes et plus courtes que celles existant réellement d'un point à un autre ; on tarife comme si les chemins étaient en ligne droite quand ils ne le sont pas, et on arrive ainsi à des réductions effectives de péage là où on en a besoin, sous les apparences d'une égalité de traitement de tous les expéditeurs devant le chemin de l'État.

La différenciation des tarifs est donc, si l'on peut s'exprimer ainsi, de droit commun : elle est nécessaire. C'est un moyen d'aggrandir la sphère d'action des voies à vapeur, d'en étendre le bienfait ; c'est un moyen de rendre plus active la concurrence que se font entre elles les différentes voies de transport. Supprimer cette faculté, c'est s'exposer, au bout de bien peu d'années, aux résultats que voici :

1o Diminution de l'effet utile des chemins de fer.

2° Diminution du revenu qu'ils produisent, et, par conséquent, nécessité pour l'Etat, pour le trésor public, de contribuer dans une proportion plus considérable aux dépenses que l'établissement du réseau occasionne. Le tarif est toute la concession ; c'est la source des produits. Rendre le tarif moins fécond, c'est rendre moins féconds les capitaux des Compagnies, et, par conséquent, leur concours ; c'est accroître nécessairement la part contributive de l'Etat.

3° Le plus grand bienfait, le plus grand service que vous aient rendu les communications à vapeur, c'est l'abaissement général qu'elles ont amené sur les frais de transport, qui n'ajoutent rien à la valeur des objets, et qui pèsent d'un poids si lourd sur la production et sur la consommation. Le réseau ne s'étend encore que sur 3,000 kilomètres ; c'est à peine si la lutte commence entre les nouveaux et les anciens agents de circulation, et voyez quels résultats elle a déjà produits ! L'instrument de la lutte, c'est le tarif différentiel. Si vous refusez cette arme aux nouveaux concessionnaires, quand les exploitants des lignes navigables et des lignes de fer déjà créées la possèdent, usent de cette faculté de réduire leurs tarifs d'une manière inégale, alors il sera absolument impossible que cette concurrence se continue, et il est à craindre que le mouvement d'abaissement du prix de transport ne s'arrête.

Il est à craindre en même temps que les concessionnaires ne reculent devant des prescriptions qui portent une si profonde atteinte à leurs intérêts, à leur industrie. Par ces motifs, que nous ne voulons pas développer davantage, la commission espère que l'assemblée repoussera l'amendement de M. Kestner. (Approbation à droite. — Aux voix ! aux voix !)

**M. DUPONT (DE BUSSAC).** Je crois que M. Daru a complétement détourné la question.

Nous ne contestons pas absolument ce qu'il approuve ; seulement nous le contestons à un certain point de vue. Si vous supposez la concurrence entre une voie d'eau et un chemin de fer, et que le chemin de fer ne puisse pas abaisser son tarif, il est possible que la voie d'eau tue le chemin de fer et que l'Etat soit exposé, dans le cas où il garantit un minimum d'intérêt, à un surcroît de dépense. Mais l'amendement ne dit pas qu'un chemin de fer ne puisse abaisser ses tarifs pour soutenir une semblable concurrence. Il dit simplement : Lorsqu'une administration de chemin de fer aura fait une réduction, cette réduction sera de plein droit obligatoire au profit de tous les expéditeurs.

L'amendement veut empêcher la création d'un avantage, d'un privilége au bénéfice de tel ou tel entrepreneur ; il demande égalité de droit pour tout le monde.

L'amendement contient encore une disposition importante : il veut que l'obligation de faire profiter tous les expéditeurs d'une réduction égale du tarif ne dépende pas d'une décision administrative, mais d'un commandement formel de la loi. Non, il n'est pas dans l'esprit de nos lois que le gouvernement soit maître d'accorder un monopole de transport à telle ou telle personne.

Remarquez, Messieurs, qu'il s'agit ici d'une question vitale pour la production et pour le commerce. Personne de vous n'ignore quelle est, dans la grande question industrielle, l'importance de la question des transports. C'est souvent la fortune ou la ruine de telle ou telle ville, de telle ou telle contrée. Il dépendra donc du gouvernement ou de ce qu'on appelle la grande commission des chemins de fer, sans consulter les chambres de commerce, par sa propre science, par sa propre volonté, de maintenir la prospérité du port du Havre ou de décréter sa ruine, de faire la fortune d'une ville, d'un département, de décider la décadence de telle ville, de tel département !

Voyez où nous a conduits ce despotisme prétendu éclairé des tarifs différentiels ! On veut à tout prix favoriser la raffinerie de Paris, on veut la favoriser même au détriment de la raffinerie du Nord : que fait-on ? On abaisse le prix de transport pour le sucre brut, qui va se faire raffiner à Paris, on l'a baisse à 26 fr. les 100 kilogr. ; mais comme on ne veut pas qu'on raffine dans le Nord, on frappe d'un droit de 30 fr. les 100 kilogr. de sucre raffiné dans le Nord. Par ce moyen, il n'est pas possible que le sucre raffiné du Nord, frappé d'une surtaxe de transport, supporte la concurrence du sucre raffiné à Paris, qui ne paie que 26 fr. de transport par 100 kilogr.

Vous voyez donc qu'il dépend de ce jeu des tarifs, par son influence sur les frais de transport, qu'il dépend de cette haute commission des chemins de fer, de favoriser une industrie ou de lui nuire. A l'aide de ce jeu des tarifs, qui pourrait empêcher le gouvernement, la commission des chemins de fer, de tuer complétement la raffinerie du Nord?

Vous connaissez ce qui a été fait sur le chemin du Nord. C'est donc une prime que l'on a voulu donner à la raffinerie de Paris : on a donc évidemment voulu, en abusant d'un droit administratif, faire la fortune d'une industrie d'une localité, d'une ville, au détriment de la fortune d'une autre industrie d'une autre localité. Est-il possible que la loi continue d'accorder un pareil droit à l'administration? Est-ce que l'égalité des chances, dans le commerce, ne doit pas être une chose sûre qui ne puisse jamais être altérée par la volonté d'un gouvernement? Est-ce que cette égalité de chances n'est pas un grand principe sur lequel le législateur doit veiller?

Nous ne contestons pas ici aux chemins de fer le droit de baisser leurs tarifs pour soutenir la concurrence. C'est une question qui doit être réservée pour plus tard. Mais nous disons qu'il n'est pas possible de s'en rapporter à l'arbitraire de l'autorité pour abaisser les tarifs au profit de quelques personnes, et les maintenir dans toute leur rigueur au détriment des autres citoyens ; qu'il n'est pas possible de s'en rapporter à l'arbitraire de l'autorité pour abaisser les tarifs pour telle marchandise, et de maintenir les tarifs pour une marchandise semblable expédiée par d'autres citoyens. Nous devons protéger également tous les citoyens, riches ou pauvres ; nous devons soutenir toutes les villes de France, et n'en favoriser aucune au détriment des autres.

Passons à un autre exemple que l'honorable M. Kestner vous a cité : les alcools. L'administration du chemin de fer de Nantes dit aux expéditeurs des alcools d'Angers : « Vous paierez 38 fr. » Puis elle dit à ceux qui expédient de Bordeaux et des départements voisins : « Vous ne paierez que 26 fr. » Qu'est-ce que cela veut dire? cela signifie simplement que l'on veut empêcher ces alcools qui viennent à Paris de passer par le port du Havre, c'est-à-dire qu'on porte au port du Havre un préjudice inévitable, au profit de qui? au profit de la Compagnie d'Angers.

Est-il possible qu'au profit d'une Compagnie, l'État : représentant les intérêts généraux, vienne faire concurrence à une de ses villes, à un de ses ports?

Si l'on consulte la justice, l'égalité, elles répondent : Si la Compagnie de Nantes veut diminuer les prix pour les alcools qui viennent de Bordeaux ou des départements voisins, qu'elle les diminue également pour les alcools d'Angers et des environs. D'après notre droit public, il n'est pas possible que la haute commission des chemins de fer puisse, à son gré, voter un budget à part, frapper des impôts sur telle industrie ou sur tel citoyen, et en affranchir telle industrie ou tel citoyen.

Dans une circonstance si grave, ne vous laissez pas prendre aux arguments à l'aide desquels on a cherché à détourner la question. Il ne s'agit pas d'empêcher les Compagnies d'abaisser leurs tarifs pour soutenir la concurrence avec les transports par des voies fluviales. Ici nous ne discutons pas ce droit; mais ce que nous demandons, c'est que la réduction autorisée pour telle personne, pour telle industrie, pour telle marchandise, soit, de plein droit, égale, uniforme pour tous les citoyens, pour toutes les marchandises semblables.

**M. DARU.** Votre prétendue égalité, c'est une inégalité flagrante; il en est de ce principe comme de celui des salaires, que l'on invoquait peu après la révolution. On a invoqué alors comme un droit naturel l'égalité des salaires pour tous les ouvriers, quelles que fussent leurs aptitudes. C'était une injustice révoltante qui se couvrait des apparences de l'équité.... (Interruption à gauche.)

*Un membre à gauche.* Il s'agit des alcools, il ne s'agit pas des salaires.

**M. DARU.** Il en serait de même pour les prix de transports.

La prétendue égalité au nom de laquelle parle l'honorable M. Dupont (de Bussac) pour justifier l'amendement de M. Kestner, établit, maintient au fond une inégalité réelle. Comment! voici des eaux-de-vie (je prends l'exemple qu'il a cité), qui viennent de Bordeaux, qui ont de longues distances à parcourir, et on voudra les taxer comme celles récoltées dans des localités rapprochées de la capitale; on ne nous permettra pas de faciliter l'arrivage de ces marchandises venant de loin par une diminution de tarifs; on ne voudra pas les laisser pénétrer jusqu'au marché de Paris; il faudra leur fermer ce débouché, les repousser, les reléguer, les condamner peut-être à rester sans acquéreur au nom d'un prétendu droit qui n'existe pas, d'un prétendu privilége qu'on ne saurait reconnaître!

**M. DUPONT (DE BUSSAC).** Mais le Havre!

**M. DARU.** Permettez!

**M. DUPONT (DE BUSSAC).** Puisque vous faites des abaissements de tarifs...

**M. LE PRÉSIDENT.** Veuillez ne pas interrompre; on vous a laissé parler librement; laissez M. Daru vous répondre.

**M. DARU.** On nous a dit : Mais vous favorisez le chemin de fer de Nantes. Je pourrais vous répondre à mon tour que vous favorisez le chemin du Havre. Mais ni vous ni moi ne parlons dans l'intérêt de telle ou telle Compagnie; nous parlons dans l'intérêt public tel que nous le comprenons. Ce que je désire faciliter, c'est la concurrence; oui, je veux pouvoir établir entre le chemin de fer du Havre et celui de Nantes, qui tous deux se disputent les arrivages de Bordeaux, une émulation utile qui amène une baisse dans les prix de transport. C'est là le principe au nom duquel je demande le maintien des tarifs différentiels; c'est ce principe que vous repoussez.

Voilà ce qui nous divise.

Vous êtes-vous jamais rendu compte, Messieurs, du service que l'établissement des chemins de fer a rendu pour l'approvisionnement de la capitale? Le rayon d'approvisionnement s'augmente ou diminue en raison du prix de transport; les tarifs différentiels ont permis de l'étendre depuis quelques années autour de Paris. Ainsi, par exemple, les chemins de fer ont fait un tarif différentiel appliqué au lait; le lait vient de 25 ou 30 lieues de distance jusqu'à Paris, apporté au même prix que celui du village le plus voisin, le plus rapproché de la capitale. Le chemin de fer du Nord transporte 60,000 litres de lait par jour de Lille, Arras, Amiens, Pontoise, jusqu'à Paris, aux mêmes conditions; le chemin de Rouen, le chemin d'Orléans en font autant. Il y a là une grande inégalité, si l'on considère seulement l'intérêt des producteurs les plus voisins. Mais qu'en est-il résulté? L'abaissement du prix du lait, et surtout l'amélioration de la qualité du lait dans l'approvisionnement de Paris.

Il en est de même pour un grand nombre d'autres marchandises : les beurres, la viande, etc. Il semble, à entendre le précédent orateur, que les taxes différentielles soient une nouveauté étrange. Mais la taxe uniforme des lettres, qu'est ce autre chose qu'un tarif différentiel? Cependant cette réforme a été adoptée aux applaudissements de tout le monde, et est à bon droit considérée comme un bienfait. Pourquoi cela? Parce qu'il est juste de rétablir l'égalité de situation, autant que possible, entre des localités moins heureusement situées les unes que les autres vis-à-vis des grands marchés de consommation. Les taxes différentielles vous en offrent le moyen; c'est un de leurs mérites; on le contestera en vain. Le raisonnement de l'honorable M. Dupont de (Bussac) est, sous ce rapport, dénué de fondement.

Le second exemple qu'il vous a cité, c'est celui des sucres. On traite, vous a-t-il dit, les sucres raffinés moins avantageusement que les sucres bruts. Il y a pour cela une raison : c'est que le sucre raffiné a une valeur plus élevée, que l'impôt est proportionné à la valeur des marchandises.

N'appelez pas cela un tarif différentiel; vous vous tromperiez. Le transport des minerais se paie plus cher que celui des houilles; le transport des vins et des blés se paie moins cher que celui des objets fabriqués. Les tarifs sont en raison de la valeur des choses. Cette différenciation est la base de tout impôt; elle est dans tous les cahiers des charges; elle est juste selon la valeur de la marchandise transportée; l'impôt doit être inégal; mais ce ne sont pas là des tarifs différentiels dans le sens qu'on attache à ce mot. Les tarifs différentiels sont ceux qui, pour une même nature de marchandise, ayant une même valeur, s'appliquent différemment. Ainsi l'argument tiré du sucre raffiné qui paye 30 fr. quand le sucre brut en paye 26 seulement, cet argument tombe : le tarif différentiel n'y est pour rien.

Vous prétendez que l'amendement de M. Kestner n'apporterait aucun obstacle aux réductions de taxe ; que vous voulez seulement par là généraliser le bienfait des abaissements de circulation ; que, loin de vous opposer aux heureux effets de la concurrence, vous voulez les augmenter encore en ordonnant que les réductions, une fois consenties, seront obligatoires pour tout le monde.

Il n'y a qu'un malheur à cela : c'est que, sous un pareil régime, après l'adoption d'un pareil principe, toute réduction deviendra désormais impossible ; pour le prouver, je prendrai les exemples que l'honorable préopinant a luimême cités : les vins, les eaux-de-vie du Midi, qui, pour arriver à Paris, jouissent d'une diminution de tarifs.

Croyez-vous que, pour obtenir le tonnage incertain d'une quantité plus ou moins grande de vins de Bordeaux, l'exploitant du chemin de fer de Nantes consentirait à perdre le bénéfice du transport sur la clientèle qui lui appartient, sur les vins et eaux-de-vie du littoral de la Loire ? Quoi ! il irait faire un sacrifice qui n'est pas douteux pour courir après un profit aussi éventuel ! Quoi ! pour essayer d'obtenir des produits qui peuvent lui manquer, il risquerait de perdre des produits qui lui sont assurés ! Il entendrait bien mal ses intérêts. Evidemment non. Dans la situation où l'amendement le place, l'exploitant du chemin de fer de Nantes renoncera au trafic du vin de Bordeaux, ne réduira pas ses péages. Voilà ce qui ne manquera pas d'arriver.

Autre exemple, qui vous frappera peut-être davantage, Messieurs ; je l'emprunte à la situation du chemin de fer de Paris à Lyon. Ce chemin est parallèle à la Saône dans une portion de son parcours entre Chalon et Lyon ; il a là un concurrent redoutable. Vous savez, en effet, que sur la Saône les transports peuvent s'effectuer à très-bas prix ; afin de lutter contre ce concurrent, afin d'obtenir une partie des marchandises que la Saône transporte, le chemin de fer de Lyon, sur la section comprise entre Chalon et Lyon, sera donc obligé d'avoir des tarifs très-bas. Croyez-vous que si on lui impose l'obligation d'appliquer ces bas tarifs sur toute la ligne, dans la portion comprise entre Chalon et Paris, il consentira à réduire d'une manière aussi notable ses revenus pour arracher quelques denrées à la voie fluviale ? Assurément non ; et la baisse des péages, dans le système de l'amendement, ne s'effectuera pas.

Si donc vous voulez rendre les tarifs égaux, uniformes pour tout le monde, vous empêcherez évidemment les chemins de fer de réduire leurs prix de transport, vous les paralyserez, et par conséquent vous vous éloignerez du but vers lequel il faut tendre, et que tous, sans exception, nous désirons atteindre, l'abaissement général des frais de circulation.

C'est là, pour tout pays, un immense intérêt, parce que le prix de transport entre dans la valeur de toutes choses, arrête ou facilite le développement de la production, selon qu'il est élevé ou bas.

Cette vérité est aujourd'hui partout comprise. Les chemins de fer ont puissamment contribué à la mettre en lumière ; ils ont fait leurs preuves. La diminution qu'ils ont produite sur les frais de transport a été le fruit de la concurrence qu'ils se sont faite entre eux (car ce ne sont pas des monopoles), de la concurrence qu'ils ont faite aux canaux. Ils se disputent les arrivages du Havre, de Dunkerque, de Nantes, comme on vous le montrait tout à l'heure à l'occasion des vins du Midi. Toutes ces voies de transport sont à l'état de lutte. Les deux chemins de Lyon et de Strasbourg se partagent les cotons à destination de Mulhouse ; les deux chemins de Lyon, par la Bourgogne et le Bourbonnais, se disputent les transports de Marseille et de la vallée du Rhône ; les canaux, à leur tour, engourdis jusqu'à présent, et qui semblaient ignorer leur puissance, se réveillent et travaillent à conserver leur circulation. Des bateaux accélérés, montés sur la ligne de navigation du nord, tiennent tête aux locomotives du chemin de fer. Partout, je le répète, il y a lutte ouverte, ardente, déclarée, au profit de tous les intérêts, car la circulation appelle la circulation, et la baisse des tarifs, faite avec intelligence, profite aux voies de transport comme aux producteurs et aux consommateurs.

Craignez, messieurs, d'arrêter, d'entraver cet heureux mouvement d'abaissement des frais de circulation. Si vous constituez les nouvelles lignes de chemin de fer de telle sorte qu'elles ne puissent pas être exploitées avec la même liberté que les lignes anciennes et que les voies navigables, si la faculté de tarification différentielle leur manque, comment voulez-vous qu'elles luttent, qu'elles prennent leur part dans cette activité générale dont nous constatons avec bonheur les premiers effets ? Voyez quelles inquiétudes jettera au sein de l'industrie l'apparition du principe nouveau que l'on veut vous faire consacrer par la loi ! Leur vie, leur principale source de prospérité, serait compromise, menacée ; vous troubleriez profondément, dans des temps difficiles, de graves intérêts ; et, contrairement à la pensée même des honorables auteurs de l'amendement, en suivant la voie qu'ils indiquent, au lieu de faciliter la réduction des prix, vous en amèneriez l'inévitable accroissement ; au lieu d'amener la concurrence, vous travailleriez à l'éteindre ; au lieu de faire fructifier les chemins de fer, vous les rendriez stériles. (Vive approbation à droite.)

**M. DUPONT (DE BUSSAC).** Je demande à répondre quelques mots...

*A droite.* Aux voix ! aux voix !

**M. DUPONT (DE BUSSAC).** Nous ne nous entendons pas du tout ; nous ne parlons pas des mêmes éléments : voilà tout ce que je puis dire à l'assemblée.

*A gauche.* Parlez ! parlez !

*A droite.* Aux voix !

**M. DUPONT (DE BUSSAC).** Je vous demande pardon d'insister, mais vous allez comprendre que l'honorable préopinant et moi, nous ne luttons pas dans l'enceinte du même champ clos.

Ici, en ce moment, nous ne contestons pas aux chemins de fer le droit de diminuer leurs prix pour soutenir la concurrence contre d'autres chemins ou des voies fluviales. Je prends l'exemple cité par l'honorable M. Daru , le chemin de Chalon à Lyon luttant contre la Saône. Ici, et pour ce moment, nous n'avons pas contesté au chemin de fer de Chalon à Lyon le droit de diminuer ses tarifs. Pourtant ce serait là une grande question ; si nous l'examinions et si nous nous élevions plus haut que la question que nous discutons en ce moment, vous reconnaîtriez peut-être que la question de concurrence qui semble à l'honorable M. Daru si simple, si favorable, est une question de vie et de mort pour la grande industrie des chemins de fer  Nous ne tarderons pas à nous apercevoir que la concurrence y portera les mêmes pertes et les mêmes ruines que dans l'industrie privée. Vous reverrez partout la concurrence désastreuse des deux chemins de fer de Versailles. Je vous attends là. (Mouvements divers.)

Sachez donc bien, une fois pour toutes, une chose : c'est qu'une industrie doit rapporter de quoi payer son œuvre ; c'est que toute industrie qui ne gagne pas ce qui est nécessaire pour payer tous ses frais est une industrie mortelle pour un pays, pour les capitalistes, pour les ouvriers, pour les riches et pour les pauvres.

Voilà pourtant où votre commission veut amener la grande industrie des chemins de fer par cette concurrence sans limites! Voilà son habileté en économie politique! (Approbation à gauche.)

Ainsi ne venez donc pas nous parler de favoriser une concurrence sans règle, sans frein, entre les chemins de fer. Si vous persistez dans vos tristes doctrines, vous préparez une ruine universelle, je vous le prédis !

Mais limitons la discussion à un seul point ; un seul exemple sera l'exemple de tous. Vous voulez, dites-vous, que le chemin de Chalon à Lyon, pour soutenir la concurrence contre la Saône, puisse diminuer ses tarifs. Ici, nous ne contestons pas ce droit. Mais, pour mieux faire comprendre mon argumentation, je vous dis : Précisez sur quelles marchandises vous voulez raisonner. Est-ce le coton? Sont-ce les vins ? les houilles ?

**M. DARU**, *de sa place*. Ce n'est pas cela que nous voulons ; nous voulons que le chemin de fer de Paris à Lyon puisse diminuer son impôt kilométrique dans la proportion de chemin comprise entre Chalon et Lyon, sans que cette réduction soit applicable aux kilomètres compris entre Paris et Chalon.

**M. DUPONT** (**DE BUSSAC**). Nous sommes d'accord avec vous sur ce point, et nous ne l'avons pas contesté. Que ce soit politique ou impolitique d'autoriser un chemin de fer à chercher les moyens de tuer une des plus magnifiques voies fluviales de France, nous ne traitons pas cette question en ce moment ; mais nous vous disons : Que le chemin de Cablon à Lyon ait le droit d'abaisser ses tarifs sur cette portion de la voie, sans que cette diminution entraîne la diminution sur le reste du parcours, soit ! Mais voici où nous différons : Au nom de l'égalité. nous demandons que la diminution qui sera faite sur ce parcours et appliquée à quelques transports de houille, par exemple, soit obligatoire pour tous les transports de houille. Nous ne voulons pas laisser au gouvernement le droit de faire appliquer la diminution à tellle ou telle quantité de houille, à tel ou tel expéditeur. C'est le droit de créer des priviléges, de donner des primes indirectes et tacites que nous contestons de toutes nos forces au oguvernement. Vous avez l'air de nous accorder ce qui est incontestable. Mais il y a entre vous et nous un abîme. Vous dites que l'égalité sera appliquée, que le gouvernement la fera respecter. Nous vous demandons que ce soit la loi qui se charge de cette haute mission, sans s'en rapporter. aux caprices plus ou moins éclairés de l'administration. Rappelez-vous le ta-. rif des sucres sur le chemin du Nord. Selon nous, le vrai principe est que la loi porte, consacre l'égalité..

Il y a donc entre votre rédaction et l'esprit de l'amendement toute la différence qui peut se trouver entre la loi et l'arbitraire.

Voilà votre rédaction, voici la nôtre.

Le § 12 de l'art. 27 porte : « Quand il y aura réduction.... la Compagnie. devra en donner connaissance à l'administration, et celle-ci *aura le droit* de déclarer la réduction, une fois consentie, obligatoire vis-à-vis de tous les expéditionnaires. » Elle aura le droit de déclarer ! Elle pourradonc ne pas le faire, elle pourra créer des réductions particulières, soit au profit de certains expéditeurs, soit au profit de certaines localités.

Au contraire, notre amendement porte : « Elle devra en donner connaissance à l'administration, et la réduction, une fois consentie, sera de droit obligatoire vis-à-vis de tous les expéditeurs. »

**M. LE RAPPORTEUR.** Dans les mêmes conditions ?

**M. DUPONT (DE BUSSAC).** Sans doute, dans les mêmes conditions de marchandises.

**M. LE RAPPORTEUR.** Eh bien, nous sommes d'accord ; c'est ce qui existe.

**M. DUPONT (DE BUSSAC).** Quoi qu'en dise l'honorable M. Daru, entre notre amendement et le projet de la commission, il y a toute la différence qui existe entre le droit et l'arbitraire.

La commission laisse au gouvernement le droit d'user ou de ne pas user de la faculté de rendre les tarifs obligatoires pour tous. L'amendement, au contraire, dit : Une fois que la Compagnie, sur un certain parcours, pour une certaine nature de marchandises, aura diminué les tarifs, cette diminution sera obligatoire pour tout le monde expédiant, sur le même parcours, la même nature de marchandises.

*Voix au banc de la commission.* Dans les mêmes conditions de quantité.

.**M. DUPONT (DE BUSSAC).** Hors de l'amendement que je soutiens, tout n'est qu'arbitraire.

**M. DARU.** Nous sommes déjà d'accord sur un point, et je voudrais, pour mon compte, que rien d'obscur et d'incertain ne restât dans l'esprit d'aucun membre de cette assemblée sur une question aussi grave. Il est convenu que les tarifs peuvent être différenciés en raison des distances. Reste à savoir maintenant s'ils peuvent être différenciés en raison des quantités.

Messieurs, de même qu'un manufacturier peut livrer ses marchandises à un prix d'autant plus bas qu'il en fabrique davantage, parce qu'alors son prix de revient diminue, les frais fixes se trouvant répartis sur un plus grand nombre d'unités fabriquées : de même aussi un chemin de fer peut réduire d'autant plus ses péages, qu'il a un plus grand nombre de tonnes à transporter, parce que les frais généraux permanents de la circulation se trouvent alors répartis sur un plus grand nombre d'unités circulantes. (Interruptions diverses.)

**M. DUPONT (DE BUSSAC).** C'est le privilége des gros marchands.

**M. DARU.** C'est le privilége du vendeur en gros, relativement au vendeur en détail. Les tarifs différentiels ne sont pas, comme on vous l'a dit, une faveur accordée dans l'ombre, secrètement, à un expéditeur privilégié ; non, Messieurs, ne le croyez pas ; les tarifs différentiels sont applicables à tous les expéditeurs placés dans les mêmes conditions. Ainsi un tarif de 12 centimes grève le transport d'une tonne de vin, par exemple : ce tarif est affiché, c'est la loi de tout le monde ; vient lors un expéditeur qui propose de louer un wagon complet, il marchande, il demande une réduction, motivée sur la location d'un wagon tout entier ; on abaisse le tarif, en sa faveur, à 11 centimes. Immédiatement, ce droit de 11 centimes est applicable à tout expéditeur qui se présentera dans la même condition. C'est la loi qui le veut.

Je n'ai, pour mon compte, aucune objection à ce que les cahiers des charges stipulent, si on le veut, plus clairement ce principe, dont l'application, du reste, n'est pas contestée, et que l'on modifie l'art. 27 dans ce sens, pourvu que le droit d'homologation y reste toujours écrit. C'est un grand pouvoir que le pouvoir tarificateur en matière différentielle. Des Compagnies qui disposent de capitaux considérables pourraient en faire abus, jeter le trouble dans les transactions, dans les industries. Il faut que l'administration s'interpose entre ces intérêts contraires et rende justice à tous. Quand elle a visé, homologué des taxes, ces taxes, je le répète, ne sont un privilége pour personne ; elles sont la propriété commune de tous ceux qui sont dans des conditions pareilles

Je ne vois pas l'utilité de modifier, à cet égard, les lois de concession qui me paraissent suffisamment classées, mais je ne m'y oppose pas non plus, si l'on trouve une rédaction plus satisfaisante ; je m'opposerais, au contraire, formellement à ce que les précautions prises dans le même article contre les abus du droit de ratification disparussent. Il faut que le ministre des travaux publics soit armé du moyen de réprimer ces abus, s'il en est besoin. Cette déclaration, cette menace comminatoire écrite dans les contrats, que la taxe, une fois réduite, pourra être, par un acte émané de son autorité, appliquée à tout le monde, suffit, mais elle est nécessaire.

**M. PAULIN GILLON.** Je demande la parole.

**M. DARU.** Il n'y a donc rien à changer, rien à innover dans le cahier des charges.

Je ne fais pas obstacle, si M Dupont (de Bussac) le désire, à des changements de rédaction, pourvu qu'on ne change ni l'esprit ni le fond des dispositions de l'art. 27 de la loi. (Aux voix! aux voix!)

(M. Paulin Gillon paraît à la tribune.)

*Voix à droite.* La clôture! la clôture!

**M. LE PRÉSIDENT.** M. Paulin Gillon demande à parler contre la clôture. (La clôture! la clôture!)

**M. PAULIN GILLON.** Voici, Messieurs... (Aux voix! aux voix!)

**M. LE PRÉSIDENT.** Laissez parler contre la clôture; l'assemblée sera consultée sur la clôture.

**M. PAULIN GILLON.** Voici pourquoi je vous demande de ne pas prononcer la clôture.

L'honorable M. Daru vient de chercher à vous rassurer sur le droit qu'aurait le gouvernement d'homologuer ou de ne pas homologuer les tarifs différentiels proposés par les Compagnies. Eh bien, Messieurs, cette garantie est illusoire. Les Compagnies ont la prétention que jamais... (La clôture! la clôture!) Les Compagnies ont la prétention que le gouvernement ne peut jamais refuser cette homologation; elles ont la prétention d'user de leurs tarifs différentiels avec une liberté absolue, et enfin le gouvernement ne leur a jamais opposé de refus.

*Un membre.* Voilà la vérité.

**M. PAULIN GILLON.** Si ce fait est vrai, il n'est pas possible que vous ne me permettiez pas de vous le prouver, de vous convaincre, par conséquent, que la garantie annoncée par l'honorable M. Daru est comme si elle n'existait pas dans le cahier des charges. Je demande donc à l'assemblée de me permettre de prouver ce fait, que la garantie est illusoire, que les Compagnies usant de leur droit avec une liberté absolue au vu et au su du gouvernement.

*Voix nombreuses.* La clôture

*Autres voix.* Parlez!

**M. LE PRÉSIDENT.** Je consulte l'assemblée sur la clôture.

(L'assemblée est consultée.)

**M. LE PRÉSIDENT**. Il y a doute, la discussion continue. (Réclamations.)

On me fait observer que, d'après le règlement, c'est après deux épreuves que le doute peut-être prononcé.

L'épreuve va être renouvelée.

(L'épreuve par assis et levé a lieu. — La clôture est prononcée).

**M. LE PRÉSIDENT**. Je consulte l'assemblée sur l'amendement de M. Kestner.

On a demandé un scrutin de division : il va y être procédé.

**M. LE PRÉSIDENT**. Voici le résultat du dépouillement du scrutin :

| | |
|---|---|
| Nombre des votants. . . . . . . . . . . . | 634 |
| Majorité absolue. . . . . . . . . . . . . | 318 |
| Bulletins blancs pour l'adoption . . . . . | 220 |
| Bulletins bleus contre. . . . . . . . . . | 414 |

L'assemblée n'a pas adopté.

PARIS. — IMPRIMERIE CENTRALE DE NAPOLÉON CHAIX ET C<sup>ie</sup>, RUE BERGÈRE, 20. — 3435.